방송기자의 모든 것

현장에서 배우는 취재·촬영·편집·보도 A to Z

방송기자의 모든 것

김상우, 이정헌, 김민 지음

페이퍼로드
paperroad

방송 뉴스의 길잡이 역할을 자임하며

대형 서점의 커뮤니케이션 서가(書架) 앞에 가면 시선을 한 곳에 고정하기가 쉽지 않다. 취재나 보도와 관련된 책들이 경쟁적으로 '나를 선택하세요'라고 외치며 손짓하기 때문이다. 어림잡아 60~70권을 헤아린다. 그중 방송기자, 방송 뉴스 관련 서적이 절반을 넘는다. 그만큼 방송기자 지망생이 많다는 뜻일 게다.

우선 눈에 띄는 것이 언론을 전공하는 학생을 겨냥한 교과서 류의 책들이다. 체계적이고 일목요연하지만 이론 중심이어서 비전공자 입장에서는 이해하기가 쉽지 않다는 것이 단점이다. 외국 책을 번역한 듯 우리 실정과 동떨어진 외국 사례가 실려 있는가 하면, 기술 발전이나 사회 변화를 따라잡지 못한 옛 이야기가 버젓이 남아 있기도 하다. 또 한 부류는 취재 현장의 이야기를 모은 '뒷담화' 종류의 책이다. 부담 없이 술술 읽어 내려갈 수 있는 반면 본인의 과장된 무용담 위주여서 알

맹이를 찾기가 쉽지 않다.

경험해본 사람은 안다. 마이크를 잡고 리포트 하는 것은 만만한 일이 아니다. 앞에서 카메라는 돌아가는데 눈이 캄캄해지고 입은 떨어지지 않는다. 기사 작성은 또 어떤가? 단신 몇 줄을 쓰기 위해 자판을 두드리지만 도통 진도가 나가지 않는다. 매일 듣고 보는 것이 방송 뉴스인데 정작 본인이 하려면 어떻게 해야 할지 도무지 감이 잡히지 않는다.

『방송기자의 모든 것』은 방송기자로서 배우고 알아야 할 ABC를 다룬 책이다. 언론학을 공부하는 대학생부터 방송사 입사를 준비하는 예비 기자, 갓 방송국에 입사해 취재 일선을 누비는 신참 기자까지 누구나 부담 없이 읽을 수 있도록 했다.

방송 관계자만이 아니라 일반인도 상식으로 알아두면 좋을 내용이 많다. 인터뷰를 어떻게 하는지 알면 기자가 마이크를 들이대도 당황하지 않을 것이다. 멋진 경치를 보고 페이스북에 올리기 위해 스마트폰으로 촬영할 때도 이 책에 소개된 '180도 법칙'을 적용하면 안정된 구도를 잡을 수 있다. 야구장에서 환호하는 관중을 촬영할 경우 자칫하면 초상권 침해가 될 수도 있다는 사실을 알면 함부로 셔터를 누르지 않게 된다. '두 배 증가했다'와 '두 배가 됐다'의 차이점을 파악하면 문장을 헷갈리게 쓰지 않는다.

이 책의 장점은 쉽다는 것이다. 어려운 용어를 피하고 잘못된 예, 군대에서 쓰는 말로 '오시범'을 많이 소개했다. 그리고 곳곳에 생생한 현장의 노하우가 담긴 팁을 넣어 요점을 정리했다. 한 사람이 북 치고 장구 치는 것이 아니라 취재, 기사작성, 촬영, 리포팅을 분야별로 나눠 경험 많은 기자가 집필해 전문성을 높였다. 또 최신 흐름을 반영해 당장 현업에 가더라도 써먹을 수 있도록 했다. 새로운 뉴스를 추구하고, 자신감 넘치는 방송기자를 꿈꾸는 젊은이에게 이 책이 길잡이 역할을 할 것으로 믿는 이유다.

책이 나오기까지 많은 분의 도움이 있었다. 특히 JTBC 보도국 기자들의 성원이 없었다면 빛을 보기 어려웠을 것이다. 내용의 많은 부분을 이들의 취재 경험에서 빌려왔음을 밝힌다. 오늘도 좋은 뉴스를 만들기 위해 고군분투하는 선후배 기자들께 감사의 말씀을 드린다.

2012년 12월

저자를 대표하여 김상우

차례

머리말 5

I. 뉴스, 이렇게 만든다

뉴스를 만드는 사람들 13
뉴스의 꽃, 취재 25
방송 뉴스의 이모저모 40
기사 리포팅의 실제 71

II. 촬영과 편집 따라잡기

촬영기자의 영상취재 97
방송 카메라 및 주변기기의 이해 101
영상편집의 실제 129

III. 현장 실전 노하우

기사 작성에서 유의할 점 149
방송 뉴스 제작에서 유의할 점 180

부록_ 표준 발음법 203

I

뉴스, 이렇게 만든다

뉴스를 만드는 사람들

우리는 뉴스의 홍수 속에 산다. TV나 라디오, 신문, 인터넷, SNS까지 수많은 매체들이 매일, 매 시각 뉴스를 쏟아낸다. 그런데 정작 이렇게 뉴스의 홍수 속에 살고 있지만 뉴스 그 자체에 대한 관심은 적은 편이다. 뉴스(news)란 무엇일까? 사전적 의미로 '새로운 것'이다. 새로운 사실(fact)과 새로운 정보(information)가 뉴스다. 많은 사람들이 관심을 가질 만한 내용이나 꼭 알아둘 필요가 있는 사실관계 등이 기사 형태로 가공돼 뉴스로 만들어진다.

"뉴스는 흥미로운 사건이나 사실을 설명하는 것이다."

"뉴스는 고발이다."

"뉴스는 그동안 사람들이 알고 있었지만 제대로 실상을 알지 못하던 것을 재가공하는 것이다."

"뉴스는 선택이다."

"개인적인 일이지만 지역과 사회에 큰 영향을 미치는 것들이 뉴스가 된다."

"뉴스는 공권력을 감시하고 힘없는 사람들에게 힘을 주는 것이다."

위에 열거한 것처럼 뉴스에 대한 정의는 학자에 따라, 사람에 따라 제각각이다. 하지만 공통점이 있다. 바로 이야기(story)가 있어야 한다는 것이다. 시청자와 청취자, 독자 등 뉴스 소비자는 '이야기'에 관심을 갖는다. 이 때문에 뉴스거리를 찾고 기사를 작성하는 기자는 뉴스 소비자의 흥미와 관심이 어디에 있는지를 파악해야 한다.

방송 뉴스와 신문 뉴스는 뉴스 전달 속도에서 볼 때 인터넷 포털사이트와 SNS(소셜 네트워크 서비스) 등 뉴미디어에 추월당한 지 이미 오래다. 그러나 방송과 신문 등 전통 미디어는 중요한 사건이 터질 때마다 깊이 있고 다양한 분석과 생생한 영상, 사진 등을 앞세워 여전히 큰 영향력을 발휘하며 시청자와 독자를 사로잡는다는 공통점이 있다.

방송 뉴스나 신문 뉴스나 뉴스라는 점에서는 똑같지만 각 매체의 특성 때문에 효과적으로 전달할 수 있는 뉴스는 달라질 수밖에 없다. 서울 강남 한복판에서 대형 화재가 발생했다면 TV 뉴스는 중계차를 현장에 보내 화재장면과 구조작업을 실시간으로 생생하게 보도한다. 이라크나 이스라엘 가자지구에서 전투가 벌어지고, 이집트에서 반정부 시위가 일어나면 방송은 현장 화면을 바탕으로 진행상황과 피해를 전한다. 방송 뉴스는 뉴스를 실시간으로 생생하게 전달할 수 있다는 것이 강점이다. 방송기자는 이 특성을 십분 활용하기 위해 좋은 영상과 현장음을 확보하고, 현장에 있는 사람들의 목소리를 담기 위해 노력한다.

이에 비해 신문기자는 생중계와 제작에 매달려야 하는 방송기자보다 더 많은 시간을 할애해 취재원을 만날 수 있다. 밀착 취재와 심층 분석을 할 수 있는 여건이 되는 것이다. 신문을 펼치면 겉으로 드러난 사건의 이면에 숨어 있는 의미를 해석하고 방향을 제시하는 기사가 독자의 눈길을 끈다.

신문기자가 의미 있고 분석적인 기사를 추구하는 반면, 방송기자는 순발력 있고 생생하게 현장을 보여주는 데 초점을 맞추는 것은 당연하다. 신문기자는 지면의 압박을 받고, 방송기자가 시간의 제약을 받는 것은 매체의 특성에 따른 숙명이라 할 수 있다.

'방송기자는 사자, 신문기자는 호랑이다.' 이 한마디는 신문기자와 방송기자의 차이점을 명쾌하게 설명한다. 호랑이가 혼자 어슬렁거리며 먹잇감을 순식간에 낚아채듯 신문기자는 단독 플레이에 능하다. 기획에서부터 취재, 기사 작성까지 모든 과정을 취재기자가 중심이 돼 움직인다. 반면 방송기자는 기본적으로 홀로 움직이지 않는다. 촬영기자, 오디오맨, 운전기사와 무리지어 다니며 취재거리를 '사냥'한다. 신문기자는 출장을 가 취재를 할 때 식당에서 혼자 밥을 시켜 먹는 일이 많다. 하지만 방송기자는 보통 네 사람이 한 테이블에 앉아 함께 밥을 먹는다.

신문기자는 단독 플레이로 득점을 올릴 수 있다. 성격이 모나도, 동료들과 화합하지 않아도 크게 상관없다. 그러나 방송기자라면 이야기가 달라진다. 단독 플레이로는 안 된다. 팀워크를 생각해야 한다.

뉴스가 방송으로 나오기까지 함께 일한 사람들은 정작 뉴스를 통해서는 잘 드러나지 않는다. 오리가 물 위를 우아하게 헤엄칠 때 수면 아래서 열심히 움직이는 발이 보이지 않듯이 말이다.

방송 뉴스는 종종 오케스트라에 비유된다. 지휘자 혼자만 있는 오케스트라는 상상하기 어렵다. 바이올리니스트나 첼리스트 한두 명이 멋진 교향곡을 연주할 수도 없다. 방송 뉴스는 많은 사람이 힘을 합쳐 만든다. 취재기자 혼자 만들 수 있는 것이 아니다. 취재기자는 뉴스를 기획하고 취재하고 기사를 작성한 뒤 직접 자신의 목소리로 녹음, 편집하는 등 주도적인 역할을 담당하지만 곁에서 그를 돕는 스태프가 없다면 뉴스를 만들고 방송하는 것은 불가능하다.

촬영기자는 방송 뉴스에서 중요한 소스인 생생한 현장 화면을 확보하고 오디오 맨은 그 옆에서 촬영과 녹음을 지원한다. 편집기자는 취재기자가 작성한 기사와 촬영기자가 취재한 영상 등을 주재료로 뉴스 리포트와 제작물을 편집한다. 편집 과정에서 음악 감독은 효과음이나 음악을 적절하게 삽입하고, 컴퓨터 그래픽 담당자는 다양한 그래픽 화면으로 전달력을 높인다.

이렇게 현장 취재와 제작이 마무리되면 실제 방송을 내보내기 위해 또 많은 사람들이 각자 역할을 수행한다. 앵커는 취재기자와 카메라 기자 등이 열심히 취재해 만든 제작물, 이른바 리포트를 시청자에게 충실하게 전달하기 위해 앵커 멘트를 작성하고 다양한 프레젠테이션을 준비한다. 뉴스 PD는 끊임없이 취재기자나 카메라 기자, 앵커 등과 협의하면서 큰 틀에서 뉴스를 기획하고 준비하며 실제 방송을 진두지휘한다.

이 모든 작업을 가능하게 하는 건 방송 엔지니어들이다. 카메라와 마이크, 라이트를 비롯한 기본적인 촬영장비는 물론 중계차와 편집기, 스튜디오, 송출장비 등을 관리하고 운용하며 새로운 방송기술을 개발해 수준 높은 방송 뉴스를 내보내는 데 기여한다.

취재기자를 돕고 중요한 의사결정을 내리며 기사를 수정하는 데스크와 사실 관계를 최종적으로 확인하는 팩트 체커(Fact checker), 뉴스 AD, 프롬프터 요원, 외신 모니터 요원도 뉴스센터에서 함께 일한다. 그리고 이들 스태프를 통솔하고 힘을 북돋우며 최종 의사결정을 내리고 책임을 지는 건 보도국장이다.

이 책에서는 방송 뉴스를 만드는 여러 사람들 중 취재와 촬영, 기사 작성, 리포팅 등의 일을 담당하는 사람들을 집중적으로 소개할 것이다. 추리고 추렸을 때 방송 뉴스를 구성하는 가장 기본적인 요소가 바로 그 일들이기 때문이다.

개별 뉴스의 연출자인 취재기자

취재기자는 뉴스거리를 수집한 뒤 가공해 시청자에게 전달한다. 시청자가 모든 취재 현장을 찾아 뉴스를 확인할 수 없기 때문이다. 취재기자는 시청자를 대신해 현장에서 어떤 일이 벌어지며, 그 일이 어떤 의미가 있는지 분석하고 전문가 인터뷰 등을 통해 설명한다. 또 사회의 부조리와 문제점을 고발한다. 그렇지만 취재기자 개인의 주관을 줄이고 최대한 사실 그대로를 전하며 시청자가 판단하도록 한다.

취재기자가 가장 먼저 하는 일은 기획이다. 많은 사람들을 만나 뉴스가 될 소재를 찾아야 한다. 인터넷에 올라 있는 이야기나 출판기록물에도 뉴스거리가 있다. 무엇이 뉴스가 될지 판단해야 한다.

기획이 끝나면 어떻게 취재하고 제작할지 결정해야 한다. 방송 뉴스는 크게 다섯 가지 형태로 제작된다. 앵커나 아나운서가 읽는 단신, 기자의 리포트, 현장 전화연결, 중계차 연결, 앵커와의 대담이다. 그러나 최근 들어 뉴스 형태가 다양해지고 있다. 취재기자는 자신의 뉴스를 차별화할 수 있는 전략을 고민해야 한다. 시청자들이 관심을 갖고 지켜볼 수 있게 만들지 않으면 안 된다. 뉴스를 어떤 형태로 취재하고 제작할지는 촬영기자, 뉴스PD와 토론하고 협의해 결정한다. 뉴스 제작은 취재기자 혼자 할 수 있는 일이 아니다.

뉴스 형태가 결정되면 촬영기자와 함께 현장으로 나간다. 현장에서 취재를 하는 것은 물론이고 스태프들이 효율적으로 일할 수 있도록 총괄하는 것도 취재기자의 몫이다. 필요하다면 전문가를 직접 만나 인터뷰도 해야 하고, 마이크를 잡고 카메라 앞에서 기사의 일부를 말하는 스탠드업도 녹화해야 한다.

수시로 데스크에게 상황을 보고하고 지시받아야 하며, 취재를 마치고 방송국에 돌아와서는 촬영 원본과 인터뷰, 현장음을 모니터하고 기사를 작성한다. 촬영기자가 취재한 화면을 확인하지 않아 활용하지 못한다면 뉴스의 완성도는 떨어질 수밖에 없다.

기사를 작성한 다음에는 데스크의 손에 기사가 넘어간다. 데스크는 기사의 핵심 논점부터 구성, 문장 표현까지 확인한다. 기획과 취재과정에서 데스크와 충분히 협의하지 않았다면 기사가 대폭 수정·삭제될 수 있다.

데스킹이 끝나면 기자는 기사를 녹음하고 편집한다. 편집기자가 주도적으로 편집하고 취재기자는 옆에서 돕는 것이 보통이다. 현장에 나가지 않은 편집기자에게 편집을 모두 맡기는 것은 효율성이 크게 떨어질 뿐만 아니라 기사의 의도와 다르게 제작될 수 있다. 현장에서 촬영한 화면만으로 내용을 전달하는 데 한계가 있을 때는 컴퓨터 그래픽을 활용해 알기 쉽게 설명하기도 한다. 인터뷰 대상자의 이름·시간·장소 등의 자막을 작성하는 것도 취재기자가 해야 할 일이다. 이런 면에서 취재기자는 자신이 만드는 개별 뉴스의 연출자라고 할 수 있다.

生生 tip

유능한 취재기자는 여러 조건을 갖춰야 한다. 호기심을 갖고 사회 현상을 보는 것은 기본이다. 수많은 사건 중에서 어떤 것이 기사가 되는지를 판단하는 사냥개 같은 후각도 필수다. 순발력도 갖춰야 한다. 빨리 정확하게 상황을 읽고 취재해야 한다. 마감을 넘겨 만들어진 리포트는 아무 쓸모없다. 자신이 맡은 분야의 최신 흐름을 파악하는 것도 게을리해서는 안 된다. 평소 전문가 그룹을 확보해 놓고, 급하게 취재할 때 연락할 수 있어야 한다. 자신에게 제보해줄 취재원을 확보하는 것도 중요하다. 풍부한 인적(人的) 네트워크를 갖춰야 한다는 뜻이다. 기자들이 취재원과 밤늦게까지 술잔을 기울이는 이유다.

뉴스의 현장성을 책임지는 촬영기자

촬영기자가 없는 방송뉴스는 상상할 수 없다. 아무리 좋은 기사를 썼더라도 현장을 정확하게 보여주는 화면이 없다면 현장감과 사실성이 떨어진다. 2011년 3월, 일본 동북부를 강타한 규모 9.0의 대지진과 쓰나미를 생각해보자. 사망자 1만 5873명, 부상자 6114명, 실종자 2744명(이상 2012년 11월 14일 현재, 일본 경시청 발표), 재산피해 추정 230-360조원(2012년 3월 24일, 일본 정부 발표). 그 참혹한 피해현장을 미주알고주알 말로 설명해봐야 시청자에게 제대로 전달되지 않는다. 취재기자와 촬영기자 둘 중에 한명만 사건 현장으로 가야 한다면 당연히 촬영기자가 비행기 티켓을 차지해야 한다. 신문 기사와 달리 TV 뉴스에서는 영상의 비중이 절대적이다.

얼마 전까지 촬영기자는 10kg 안팎의 카메라를 어깨에 메고 뛰어다녀야 했기 때문에 남자들의 영역처럼 여겨졌지만 이제는 상황이 많이 달라졌다. ENG 카메라를 비롯한 카메라 장비가 작아지고 가벼워졌기 때문에 여성들도 촬영기자에 도전해볼만하다. 남성 촬영기자가 갖지 못한 섬세함으로 더 멋진 뉴스 영상을 만들 수도 있다.

生生 tip

촬영기자는 왜곡의 유혹을 과감하게 떨쳐야 한다. 사건을 취재할 때 카메라 앵글에 모든 것을 한꺼번에 담을 수는 없다. 풀 샷(Full Shot)으로 현장을 촬영하면 세세한 모습을 동시에 보여줄 수 없기 때문에 전체를 분할해 촬영할 수밖에 없다. 뉴스에 내보낼 수 있는 화면의 양과 시간은 제한돼 있으므로 골라서 찍지 않는다고 해도 편집 과정에서의 선택은 불가피하다. 뉴스 영상은 현장을 있는 그대로 보여줄 수 있을 때 빛을 발한다. 의도적으로 특정 현장을 배제하거나, 지나치게 부각하면 객관성을 잃고 공정성 시비에 휘말리게 된다.

뉴스의 최종 전달자, 앵커

앵커는 뉴스를 최종적으로 시청자에게 전달한다. 뉴스를 진행하고 해설자와 비평가, 대담자 역할까지 수행한다. 앵커는 배의 닻을 뜻하는데 닻처럼 중심을 잡고 뉴스를 진행해야 한다는 말이다.

앵커는 단순히 진행하는 데 그치지 않고 뉴스 제작에 자신의 의견을 제시하기도 한다. 오프닝 멘트와 클로징 멘트를 통해 뉴스에 색깔을 입힌다. TV 뉴스의 간판이라고 할 수 있다. 시청자는 앵커의 이미지에 따라 뉴스를 평가하는 경향이 있다.

앵커는 풍부한 현장경험과 취재·제작 능력, 날카로운 인터뷰 기법, 참신성과 순발력이 필요하다. 뉴스의 최종 전달자인 만큼 발음을 정확하게 하는 것은 필수다. 목소리와 얼굴이 시청자에게 신뢰를 줄 수 있어야 함은 물론이다.

앵커 스타일은 아래에서 보듯 문화권에 따라 약간씩 달라진다.

① 카리스마형(미국식)

미국 방송은 앵커 개인의 이미지와 능력에 크게 의존하는 스타 시스템이다. 앵커의 인기가 시청률, 방송사 수익과 직결되기 때문이다. 미국 방송에서 앵커는 뉴스를 진행할 뿐만 아니라 뉴스 편집권도 갖고 있다. 또 현장에서 직접 취재도 한다. 앵커는 보도국 전체를 통제하는 권한을 갖기 때문에 풍부한 현장 취재 경험이 뒷받침 돼야 한다. 앵커를 보좌하는 전속 프로듀서나 에디터를 별도로 배치하기도 한다.

미국식 앵커의 장점은 앵커의 정치 성향이 잘 나타나 고정 팬을 확보할 수 있다는 점이다. 반면, 앵커의 능력에 따라 시청률이 지나치게 좌우되고 정치 성향에 따라 뉴스 선호도가 뚜렷이 갈리는 것이 단점이다.

ABC 피터 제닝스

CBS 월터 크롱카이드

ABC 찰스 깁슨

② 단순 전달자(독일·영국식)

독일 ARD 주잔네 다우브너

독일이나 영국 방송에서 앵커는 큐시트에 따라 진행자 역할만을 수행한다. 취재기자나 담당 데스크를 지휘하는 권한이 없으며 기사의 선택이나 전달 순서에도 발언권이 없다.

장점은 앵커 멘트에 개인적인 의견을 반영하지 않기 때문에 객관성과 신뢰성을 유지할 수 있다는 것이다. 단점은 단순히 진행만 함으로써 개성을 찾아보기 힘들다는 것이다.

③ 뉴스쇼 진행형(일본 아사히TV)

구메 히로시(은퇴 방송에서 맥주를 마시는 장면)

아사히TV의 '뉴스스테이션'(오후 9시54분~11시10분)을 18년 동안 진행한 앵커 구메 히로시는 기존 진행의 틀을 깨면서 뉴스를 쇼 형태로 바꿨다. 교과서처럼 기사를 읽어주는 NHK 뉴스와 달리 그림을 이용하거나 간결하게 압축해 설명하는 방식으로 어려운 국제 정세나 복잡한 시사 문제를 쉽게 전달했다.

캐주얼 복장이나 작업복 차림에 콧수염을 기른 채 뉴스를 진행하는 등 형식에 얽매이지 않는 모습을 보였다. 은퇴하는 마지막 생방송에서는 맥주를 들이키는 파격적인 모습을 보이기도 했다.

이처럼 아사히 TV의 뉴스는 진행자가 격식에 매이지 않고 자유분방하게 뉴스를 이끌어 차별화에 성공했다. 그러나 자의적인 멘트로 소송을 야기하기도 했다. 1999년 2월 쓰레기 소각장 인근에서 재배된 채소가 다이옥신에 오염됐다는 식으로 말해 농민들로부터 소송을 당해 아사히TV가 패소했다.

이런 방식의 뉴스는 진행자의 개인적인 성향과 개인기에 지나치게 의존하기 때문에 진행자가 바뀌면 기존 포맷을 유지하기가 어렵다.

④ **절충형(한국식)**

미국식과 영국식을 절충한 스타일로 국내 지상파 방송의 메인뉴스 앵커가 여기에 속한다. 독일·영국의 앵커와 비슷하게 뉴스 제작에 지휘권이 없다.

우리나라 앵커는 보도국 기자 출신이 많다. 뉴스를 잘 이해하고 멘트를 스스로 작성해 개성을 발휘할 수 있다. 편집회의에 참석해 뉴스 내용에 의견을 제시할 수도 있다. 그러나 앵커가 주도적으로 진행할 수 있는 권한은 제한돼 있다.

'뉴스' 오케스트라의 지휘자, 뉴스 PD

뉴스 PD는 취재기자, 촬영기자 그리고 앵커의 업무를 총괄한다. 지상파 방송사에서는 취재기자들이 1~2년씩 돌아가면서 뉴스 PD를 맡는다. 기자들이 만든 뉴스 제작물을 정리하고 방송순서지(큐시트)를 작성하며 부조정실에서 생방송을 지휘한다.

그러나 최근에는 역할이 확대되고 있다. 창의력과 예술성 그리고 통솔력을 갖춘 뉴스 총감독으로서의 능력이 강조된다. 수많은 정보와 콘텐츠 가운데서 어떤 것을 뉴스 아이템으로 선택할지, 어떻게 가공하고 포장해 차별화할지 뉴스 PD가 결정해야 한다. 현장의 취재기자나 촬영기자와 소통하는 일도 중요하다. 때로는 취재기자와 함께 소품을 준비하고 컴퓨터 그래픽을 의뢰한다. 기자나 외부 전문가의 출연을 섭외하고 스튜디오 사용 일정을 짜는 것도 뉴스 PD의 몫이다.

뉴스의 꽃, 취재

뉴스의 출발점, 기획

뉴스 취재는 기획에서 출발한다. 많은 사건 중에서 뉴스가 될 만한 것을 찾는 작업이 기획이다. 데스크는 하루가 멀다 하고 새로운 아이템을 찾아오라며 재촉하고 보도국장은 어떻게 차별화 할 것인지 묻는다. 기자들은 말한다. "이 땅에 새로운 뉴스가 어디 있다고…." 그런데 새로운 뉴스는 있다.

> "미국 아폴로 11호 우주비행사 닐 암스트롱이 1969년 7월 20일 바위로 뒤덮인 달의 '고요한 바다' 표면에 인류 최초로 첫발을 내디뎠습니다."

> "2012년 8월 11일, 인천 을왕리 해수욕장에서 물놀이를 하던 여덟 살 여자 아이가 해파리에 쏘여 숨졌습니다. 국내에서 처음 있는 일입니다."

새로운 뉴스는 이처럼 수없이 많다. 처음 발생하는 사건이나 현상만 기사가 되는 것은 아니다. 흔히 있는 일이라도 새로운 시각에서 바라보면 뉴스가 된다.

> "경남 남해안에 적조경보가 발령됐습니다. 폭염과 가뭄이 계속되면서 적조가 빠르게 확산되고 있습니다. 해마다 여름이면 반복되는 일이지만 그 피해가 매우 클 것으로 우려됩니다."

해마다 반복되는 일이지만 1994년 이후 최악의 폭염이 계속된 2012년 여름, 적조 확산과 피해는 뉴스가 된다.

그렇다면 이렇게 많은 정보 중에서 뉴스가 될 만한 가치를 판단하는 기준은 무엇일까?

① 근접성

시청자들은 이라크 등 먼 나라에서 발생한 전쟁 못지않게 자신이 살고 있는 지역에서 발생한 사건이나 사고에 관심이 많다. 자신의 삶에 직접 영향을 미치는 일이 뉴스로 더 가치가 있다고 생각한다.

② 저명성

유명 정치인, 연예인, 운동선수 등 널리 알려진 사람의 이야기일수록 뉴스가 된다. 이것은 사람에게만 해당되는 것이 아니라 대학, 명승지 등에도 적용된다. 예를 들어 숭례문이 불탄 것은 큰 뉴스지만 지역의 이름 없는 문화재에 불이 난 소식은 시청자의 관심을 끌지 못한다.

③ 시의성

아무리 좋은 뉴스라고 하더라도 타이밍을 놓치면 가치가 크게 떨어진다. 일반적으로 최근 발생한 일이 시의성이 높지만, 과거의 일이라도 최근에 새로 밝혀진 것이 있으면 보도할 가치가 있다. 해마다 반복되는 행사도 시점을 맞추면 시청자의 관심을 끌 수 있다.

④ 영향력

많은 사람의 관심을 끄는 뉴스일수록 가치가 높다. 다양한 연령, 성별, 지역, 계층이 주목하는 소재를 선택해야 한다. 시청자의 수에 비례해 뉴스의 영향력은 그만큼 커진다.

⑤ 갈등

윤리적·감정적·물리적 갈등은 시청자들의 관심을 끌고 흥미를 높인다. 개인과 개인, 집단과 집단, 국가와 국가 사이의 갈등 발생과 해결 과정이 뉴스가 된다. 단순히 갈등의 현상만을 보여주기보다는 원인을 짚고 대안을 모색하는 뉴스가 완성도가 높다.

⑥ 논쟁

뉴스는 결론을 명쾌하게 제시하는 것이 바람직하다. 그러나 당장 답을 이끌어 낼 수 없는 사안도 뉴스가 된다. 사회 구성원들 사이에 논란이 되는 이슈를 발굴해 보도함으로써 논의가 활발하게 전개되도록 하는 것도 의미가 있다.

⑦ 인간적인 흥미

평범한 사람의 이야기도 시청자의 호기심을 자극할 수 있다. 시청자는 보통 사람들의 이야기에 감동받고, 환호하고, 안타까워한다. 자극적이지 않지만 생활 주변의 잔잔한 이야기도 잘 이끌어내면 훌륭한 뉴스가 된다.

生生 tip

살인사건도 시청자가 알아야 할 필요가 있거나 사연이 있어야 뉴스가 된다. 2012년 7월 울산에서 발생한 자매 살인사건은 시청자의 관심을 끌었다. 우선 피해자가 20대 자매였다. 용의자는 언니를 좋아하는 청년으로 자매의 부모가 운영하는 식당에서 일한 적이 있었다. 사건 당일 자매의 집에서 흉기를 들고 나오는 장면이 CCTV에 찍혔다. 경찰은 달아난 용의자를 공개 수배했다. 이 사건의 경우 스토리가 있고 사건을 보여주는 동영상이 확보됐다. 게다가 추가 범행을 막기 위해 시청자들에게 알려야 하는 공익적인 측면에서 볼 때 좋은 뉴스 아이템이 된다.

취재의 질을 높이는 구성

기획이 끝나면 현장취재를 나가기 전에 구성안을 짜야 한다. 건축가가 건물을 짓기 위해 먼저 설계도를 그려야 하는 것처럼 취재기자와 촬영기자는 취재를 시작하기 전에 구성을 생각해야 한다.

구성이란 무엇인가? 한강에 새 다리를 놓는다고 가정하자. 한강의 폭은 평균 1km 정도. 강남과 강북을 연결하는 다리를 어떤 공법으로 건설할지 결정해야 한다. 교각을 몇 개 설치할지, 만일 현수교를 짓는다면 케이블을 어떤 재질로 할 것인지 생각해야 한다. 교각을 튼튼하게 세우면 다리의 골격이 갖춰지고 그 위에 상판을 올려놓으면 된다. 그 다음에 다리를 아름답게 꾸미는 일이 남았다. 무지갯빛 LED 조명을 달고 조형물을 설치한다.

방송뉴스를 만드는 것은 1분30초 또는 2분, 5분짜리 '시간의 강' 위에 '리포트'라는 다리를 건설하는 것이다. 취재기자와 촬영기자는 리포트의 뼈대를 이루는 중요한 재료를 현장에서 만들거나 찾거나 구해야 한다.

'광란의 진돗개… 공포의 30초' 리포트를 예를 들어 살펴보자.

> '광란의 진돗개… 공포의 30초'
>
> 진돗개 한 마리가 갑자기 놀이터에 나타나 아이와 어른들을 물었습니다. 광란의 30초가 아파트 CCTV에 고스란히 담겼습니다.
> 피해자들은 광견병을 우려하며 불안에 떨고 있습니다.
>
> JTBC ○○○ 기자가 취재했습니다.

진돗개가 놀이터에서 놀던 아이와 어른들을 물었다. 현장으로 출발하기 전 취재기자는 먼저 현장을 어떻게 효과적으로 보여줄지 고민해야 한다. 대부분의 아파트 놀이터에는 CCTV가 설치돼 있다. 그 아파트에도 CCTV가 있을 것이므로 아파트 관리사무소에 연락해 CCTV 화면을 확보하는 것이 중요하다. 또 피해자들을 수소문해야 한다. 큰 부상을 입었다면 병원에서 치료받고 있을 가능성이 높고 가벼운 부상자는 집에서 쉬고 있을 것이다. 특정 아파트 놀이터에서 발생한 일이기 때문에 피해자를 찾는 것은 어려운 일이 아니다. 아파트에 출동해 사고를 처리한 경찰관도 만나봐야 한다.

큰 그림이 그려진다. 1분 30초짜리 '시간의 강' 위에 '방송뉴스'라는 다리를 건설하기로 하자. 5개의 교각을 놓을 수 있다.

1번 교각; 사고가 난 아파트 놀이터의 CCTV 화면

2번 교각; 현장에서 사고 상황을 설명하는 기자의 스탠드업

3번 교각; 진돗개에게 물린 아이 인터뷰

4번 교각; 진돗개에게 물렸지만 뱃속의 아이가 걱정돼 광견병 주사를 맞지 못한 채 불안에 떨고 있는 임신부 피해자 인터뷰

5번 교각; 현장에 출동해 사고처리를 한 경찰관 인터뷰

이렇게 5개의 교각을 세우기로 결정하는 것이 뉴스의 구성이다. 여기서 생각해야 할 것이 있다. 교각을 어떻게 배열할지, 비중을 어떻게 배분할 것인지 결정하는 것이다. [1,2,3,4,5] 순서로 배열할 수 있지만 [3,4,2,1,5] 또는 [2,3,1,4,5]도 가능하다. 어떻게 배치하느냐에 따라 결과가 달라진다. 교각의 비중을 똑같이 줄 수도 있지만 1번의 비중을 다른

교각에 비해 2배 이상 줄 수도 있다.

이 사건에서 비중이 큰 것은 1번 교각, 아파트 놀이터의 '생생한 CCTV 화면'이다. 화면이 사고현장을 고스란히 담고 있으면 그 화면을 펼쳐 보이면서 긴박했던 순간을 자세하게 보여줄 수 있다. 이어 4번 교각, 진돗개에게 물렸지만 뱃속의 아이가 걱정돼 광견병 주사를 맞지 못한 채 불안에 떨고 있는 임신부 피해자의 인터뷰도 비중 있게 다뤄야 한다. 이 같은 점을 고려해 다음과 같은 설계도, 구성안을 머릿속에 그릴 수 있다.

〈1번 교각〉 경남 고성의 한 아파트 놀이터 CCTV 화면 설명

- 흰색의 진돗개가 갑자기 나타나 미끄럼틀 주변에서 노는 아이들을 덮친다.
- 겁에 질린 아이들이 이리저리 도망치고, 진돗개는 넘어진 아이를 물어뜯는다.
- 어른들의 저항도 소용없다.
- 진돗개는 아이를 안고 달아나는 부모까지 공격한다.
- 뒤늦게 나타난 개 주인은 별다른 조치 없이 개를 끌고 사라진다.

⇩

〈2번 교각〉 기자의 현장 스탠드업

- 평화롭던 놀이터에서 벌어진 공포의 30초는 개 주인이 나타나서야 끝났다.
- 어린이 3명 등 5명이 크고 작은 상처를 입었다.

⇩

〈3번 교각〉 진돗개에게 물린 아이 인터뷰

[피해자 김 모 군]

"놀이터에서 놀고 있는데 갑자기 진돗개가 달려와서 다리를 물었다."

⇩

〈4번 교각〉 진돗개에게 물린 임신부 인터뷰

[피해자 이 모 씨]

"다른 사람들은 항생제하고 파상풍 주사를 맞는데
저는 임신 초기라 주사를 못 맞고 (불안하죠)."

⇩

〈5번 교각〉 경찰관 인터뷰

[고성경찰서 경장]

"고리 부분이 좀 낡아서 떨어져 나간 사항이다.
우리는 개 주인의 과실 치상 여부를 수사하고 있다."

生生 tip

방송뉴스도 상품이다. 상품을 구입하는 시청자의 입장에서 생각하면서 만들어야 한다. 시청자가 이해하기 쉬워야 한다. 똑같은 재료를 갖고 어떤 사람은 히트상품을 만들고 어떤 사람은 아무도 거들떠보지 않는 상품을 만든다.

취재기자가 무엇을 어떻게 취재하고, 어떤 화면을 촬영할 것이며, 누구를 인터뷰할지 정하지 못한 채 현장에 나가면 갈팡질팡하게 된다. 함께 일하는 촬영기자, 오디오맨, 운전기사까지 힘들다. 뉴스의 방송시간은 정해져 있고 제 시간 안에 만들지 못하면 아무런 소용이 없다. 구성은 현장취재를 나가기 전에 마쳐야 한다. 선택이 아닌 필수다.

뉴스의 핵심, 현장 취재

구성을 끝냈다면 이제 현장으로 가야 한다. 현장으로 가기 전 취재기자는 어떤 준비를 해야 할까.

먼저 현장의 위치와 사건 개요를 파악하는 일이다. 그리고 현장에서 누구를 만날지 결정한 뒤 전화나 이메일, 문자 메시지 등을 이용해 섭외하고 약속 시간과 장소를 정한다. 인터뷰 하려는 내용을 정리해 질문지를 보내거나 전화로 알려주면 시간을 줄일 수 있다.

사건을 파악했다면 영상취재부에 촬영을 의뢰해야 한다. 취재 아이템과 일시, 장소, 대략의 취재내용 등을 적어 촬영기자를 배정해줄 것을 요청한다. 촬영기자는 ENG 카메라 또는 6mm 카메라, 핸드 마이크, 와이어리스 마이크, 카메라 삼각대(트라이포드), 예비용 카메라 배터리, 마이크용 배터리 등을 챙겨야 한다. 비옷이나 우산도 빼놓지 말아야 한다. 특별한 경우 망원렌즈나 볼록렌즈, 특수카메라, 라이트 등을 준비한다. 영상 촬영을 의뢰할 때 배차 신청도 함께 해야 한다.

이런 준비가 끝났다면 취재차량을 타고 현장으로 나간다. 취재기자는 차 안에서 촬영기자를 포함한 스태프에게 취재일정을 설명하고 의견을 들어야 한다. 자신이 생각하지 못한 취재방식이나 취재내용과 관련해 아이디어를 얻을 수 있다.

기자가 현장에서 취재를 할 때는 아래 사항을 지켜야 한다.

① 공손한 태도

기자는 방송국을 대표해 취재한다. 자신의 행동과 말이 방송국과 뉴스의 신뢰를 높일 수도 있고 떨어뜨릴 수도 있다. 취재원을 대할 때는 당당하면서도 공손한 자세를 가져야 한다. 오디오맨, 운전기사도 마찬가지다.

② 취재원 보호

취재원 특히 제보자와 내부 고발자를 철저히 보호해야 한다. 취재를 하다 보면 이해관계자가 기자에게 제보자와 고발자를 밝힐 것을 요구하거나 꼬치꼬치 캐묻는 경우가 있다. 그러나 취재원을 밝히지 않기로 약속한 경우에는 약속을 반드시 지켜야 한다. 그렇지 않으면 취재원이 신변에 위협을 느낄 수도 있다.

③ 사생활 보호

취재를 하기 위해서는 다양한 수단과 방법을 동원한다. 그렇다고 취재원이나 주변 사람들의 인권과 사생활을 침해해서는 안 된다. 단독보도나 특종보도를 할 수 있겠지만 자칫 법률적인 문제를 불러올 수 있다.

④ 공정한 취재

의욕이 넘치다보면 사실을 왜곡하거나 과대포장 하고 싶을 때가 있다. 현장의 목소리를 제대로 듣지 않고 한쪽 방향으로 몰아가고 싶은 생각도 든다. 기자는 이런 유혹에서 벗어나야 한다. 현장을 있는 그대로 보여주고 시청자가 판단하도록 해야 한다.

生生 tip

취재를 하다보면 갈등할 때가 있다. 현장 화면을 충분히 촬영했고 만나야 할 사람도 얼추 만났다면 '이제 됐다'고 생각하게 된다. 그런데 한편에서는 조금 더 찍고, 인터뷰도 한두 명 더 해야 한다는 생각이 든다. 이럴 때는 주저하지 말고 추가로 취재하는 것이 좋다. 할까, 말까 고민하다 그냥 돌아오는 경우 대부분 후회한다. 방송국에 돌아와 기사를 작성하다 보면 당초 생각했던 것과 다른 방향으로 이야기를 풀어나가야 할 때도 있고, 새로운 인터뷰 내용이 필요할 때가 생긴다. 뒤늦게 후회해봐야 소용없다. 현장을 떠나온 뒤에는 취재할 수 없는 경우가 많다.

뉴스에 생기를 더하는 인터뷰

방송 인터뷰는 사람이 있는 현장과 사실(팩트)을 눈과 귀로 확인시켜 주는 작업이다. 인터뷰이의 말과 표정, 숨소리까지 담는 작업이다. 기자가 사건을 설명할 수도 있지만 목격자나 전문가의 인터뷰를 덧붙이면 기사가 생기를 얻게 된다.

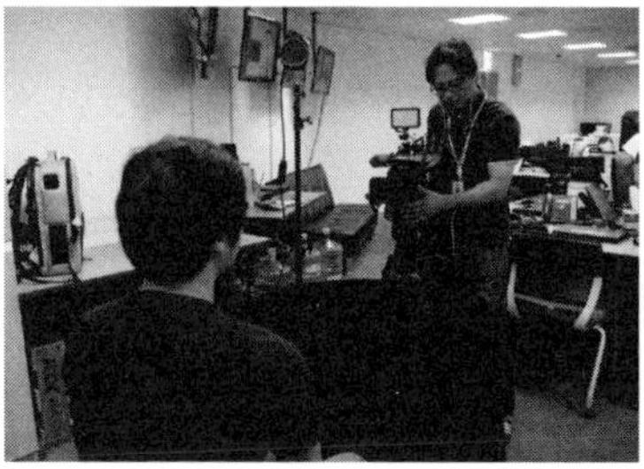

실내 인터뷰 장면

실외 인터뷰 장면

인터뷰는 시간과 장소의 제약을 받는다. 날씨, 의상 때문에 애써 잡은 인터뷰가 무산되는 수도 있다. 카메라 배터리가 떨어지거나 무선마이크가 꺼져 있어 인터뷰를 못하게 되는 일도 생긴다. 모두 준비가 덜된 탓이다.

인터뷰에서의 실수를 줄이려면 체크 리스트를 만들어야 한다. 촬영을 의뢰했는지, 배차 신청을 했는지, 인터뷰 장소는 섭외가 됐는지, 가는 시간과 인터뷰 소요시간은 얼마나 되는지, 카메라는 몇 대가 필요한지, 조명이 필요한지, 카메라와 마이크 장비 상태는 어떤지, 질문지는 준비했는지, 몇 명을 인터뷰 할지…. 이런 사항을 꼼꼼하게 점검해야 한다.

인터뷰 대상자에 대한 사전 조사도 필수다. 약속된 인터뷰라면 인터뷰 대상자의 프로필은 기본이고 최근의 활동, 발언까지 챙겨야 한다. 그래야 시간을 아끼고 핵심적인 질문을 할 수 있다. 그렇지 않으면 1~2시간씩 인터뷰를 해도 쓸 말이 없다. 인터뷰이의 주변 인물을 접촉하면 취재방향을 잡는 데 도움을 받을 수 있다. 인터뷰이보다 자유롭게, 객관적인 입장에서 이야기 할 수 있기 때문이다.

약속되지 않은 인터뷰를 할 때는 순발력이 필요하다. 핵심 인물이 누군지 빨리 파악해야 한다. 신문기사는 나중에 전화나 이메일로 인터뷰를 할 수 있지만 방송 인터뷰는 현장에서 멀어질수록 신선도가 떨어진다.

전화 인터뷰는 일단 녹음하는 것이 좋다. 사전에 동의를 얻지 않고 한 녹취는 방송에 사용할 수 없지만 음성변조를 하거나 나중에 동의를 얻으면 사용할 수도 있다. 인터뷰이가 말을 바꿀 때 녹취한 것이 있다면 옥신각신 하는 시간을 줄일 수 있다.

인터뷰를 할 때는 아래의 사항을 신경 써야 한다.

① 신뢰감을 주어야 한다

믿지 않으면 진솔한 대화를 나누기 힘들다. 약속시간을 잡는 단계에서부터 뒷마무리까지 인터뷰 대상자가 기자를 믿고 따라오도록 배려하는 것이 필요하다. "기자 목소리가 참 좋아서, 왠지 신뢰가 가서 인터뷰를 했다"고 하는 경우도 종종 있다. 일반인이 카메라 앞에서 말하는 것은 기자가 생각하는 만큼 쉬운 일이 아니다.

② 잘 듣는 것은 기본

보통의 취재기자가 생각하고 있는 것을 확인하는 차원에서 인터뷰를 마무리 하는 것이 대부분이다. 그러나 인터뷰 도중에 새로운 팩트가 나오는 수가 있다. 잘 듣지 않으면 놓칠 수 있다. 직접 만나서 인터뷰 하는 것이 중요한 이유가 바로 여기에 있다.

③ 밀고 당기기

인터뷰를 하다보면 대상자가 하기 껄끄러운 이야기를 끄집어내야 할 때가 많다. 기자는 인터뷰이의 감정을 읽어야 하고 무엇을 생각하는지 파악해야 한다. 부드럽게 인터뷰를 진행하면서도 결정적인 순간을 놓쳐서는 안 된다. 밀고 당기기를 잘 해야 한다. 인터뷰이가 하고 싶은 말만 늘어놓도록 마이크를 내줘서는 안 된다.

④ 시청자 입장에서 생각하라

인터뷰를 하고도 방송에 쓰지 못하는 일이 있다. 인터뷰이가 전문적인 용어를 늘어놓는 바람에 '그들만의 이야기'가 될 때다. 경제나 과학, 의료 분야 기사에서 흔히 그렇다. 이때는 인터뷰 대상자에게 비유를 들어 쉽게 이야기 하도록 요청해야 한다.

예를 들어 에너지 효율 등급을 "에너지 소비효율 등급 표시제도는 제품의 에너지소비효율 또는 사용량에 따라 1~5등급으로 구분해 표시하는 것"이라고 설명하면 이해하기 어렵다. 이보다는 "전자제품도 1년에 한번 시험을 본다. 에너지를 효율적으로 잘 쓰는 제품이면 1등급…" 하는 식으로 말하도록 이끌어야 한다.

⑤ 끝이 시작이다

카메라가 다 돌고 전원이 꺼진 뒤 기자가 듣고 싶은 말을 인터뷰 대상자가 할 때가 종종 있다. 이때를 놓치면 안 된다. 카메라를 세팅해 다시 인터뷰해야 한다. 여의치 않으면 음성 녹음만이라도 챙겨야 한다.

인터뷰를 마쳤다고 모두 끝나는 것이 아니다. 인터뷰이는 기자에게 든든한 재산이다. 자주 연락해 기자와 취재원의 관계를 맺어 두는 것이 필요하다.

生生 tip

인터뷰를 할 때 기자는 자신이 구상한대로 기사를 작성하는 데 필요한 멘트를 듣고 싶어 한다. 그러기 위해 인터뷰이에게 한쪽 방향으로 말을 유도하기도 한다. 그러나 정도가 지나치면 인터뷰이의 말과 표정이 어색해진다. 하기 싫어 인터뷰 한다는 표정이 화면에 고스란히 나타난다. 따라서 기자는 질문을 바꿔가며, 자연스럽게 이야기를 이끌어내는 기술이 필요하다.

방송에서 "예, 아니오." 인터뷰는 별로 쓸모가 없다. 예를 들어 "많이 놀라셨죠?"라고 질문하면 "예"나 "아니오." 또는 잘해야 "많이 놀랐습니다."는 대답이 돌아온다. "당시 상황이 어땠는지 설명 좀 해주세요." "이쪽으로 막 쓰러졌습니까?"와 같이 구체적으로 이야기할 수 있도록 질문해야 한다.

또한 좋은 인터뷰는 기승전결이 있다. 시작과 끝, 갈등과 절정이 있다. 기자는 인터뷰 하는 사람을 때로는 감싸고 때론 날카롭게 공격하며 밀고 당기기를 해야 한다. 그래야 다양한 인터뷰 영상을 담을 수 있다. 사고로 아기를 저 세상으로 떠나보낸 엄마를 만났다고 가정해보자. 어떤 질문을 던져야 할까? "많이 슬프시죠?" 이렇게 시작하면 인터뷰는 밍밍해진다. 아이와 매우 행복했던 순간을 회상하도록 해 어머니가 눈물을 흘리게 된다면 이야기는 180도 달라진다. 시청자들이 느끼는 감동이 두 배, 세 배로 커진다.

방송 뉴스의 이모저모

형식에 따른 기사 유형

TV 뉴스는 영상의 비중이 크다. 그렇다고 해서 기사의 중요성이 과소평가 돼서는 안 된다. 뉴스는 가치와 중요성, 시급성에 따라 다음과 같이 나눌 수 있다.

① 특보(속보)

긴급한 사안이 발생했을 때 한두 가지 중요한 사실(Fact)을 자막으로 화면 하단에 흘려보내거나, 생방송 중이라면 한 두 문장 정도로 짧게 보도하는 형식이다.

〈뉴스특보—자막〉

예문 1- 경복궁 옆 국립현대미술관 공사장 큰 불

예문 2- 이명박 대통령 독도 전격 방문… 일본 반발

〈뉴스 특보〉

예문 - 경복궁 옆에 있는 국립현대미술관 공사장에서
큰 불이 났습니다.
불길은 조금 전 11시 20분쯤 처음 치솟기 시작했으며
계속해서 번지고 있습니다.
자세한 소식이 들어오는 대로 전해드리겠습니다.

② 단신

뉴스의 가치와 중요성이 낮지만 시청자에게 꼭 알릴 필요가 있거나 이미 알려진 뉴스에서 새로운 사실이 드러난 경우 두세 문장 정도로 정리해 아나운서나 앵커가 읽는 기사 형식이다. 20~30초, 4문장을 넘지 않는 것이 적당하다. 단신이 길어지면 지루해지고 전달력이 떨어진다.

기사의 첫 문장을 리드(Lead)라고 한다. 뉴스의 핵심을 짚어 시청자의 관심을 끌도록 해야 한다. 기자는 무엇이 새로운 것이며, 무엇이 시청자 입장에서 중요한 것인지를 파악해야 한다. 육하원칙에 따라 모든 내용을 리드에 포함시킬 필요는 없다. 두 번째 문장과 세 번째 문장은 리드를 뒷받침하는 내용으로 구성한다. 중요한 순서에 따라 배열하는 것이 좋다.

예문 '에콰도르 정부, 어산지 망명 허용'

에콰도르 정부가 폭로 전문 웹사이트인 위키 리크스의 설립자
줄리언 어산지의 망명을 허용했습니다.
리카르도 파티노 에콰도르 외무장관은
"어산지가 미국으로 송환되면 사형이나 종신형에 처해질 것"이라며
망명을 허용한 이유를 밝혔습니다.
어산지는 미 국무부 외교전문 25만여 건을 해킹해 폭로했으며,
2010년 스웨덴에서 여성 2명을 성폭행한 혐의로 송환될 위기에 놓
이자, 영국 주재 에콰도르 대사관으로 피신한 상탭니다.

③ 리포트

현장의 생생한 화면과 관계자의 인터뷰를 취재해 기자가 전달할 때 리포트를 만든다.

리포트를 제작하는 것은 주부가 식사를 준비하는 것에 비유할 수 있다. 주부는 가족이 좋아하는 메뉴를 선택한 뒤 무엇을 살 것인지 목록을 만든다. 기자는 어떤 내용을 리포트 할지 결정하고 현장 취재를 나가기 전 계획을 세운다. 장을 본 뒤 식재료를 정리하는 것처럼 현장 취재를 마치고 방송국으로 돌아와서는 촬영한 화면을 모니터하고 현장음이나 영상, 인터뷰 내용을 정리해 스크립트를 만든다. 그리고 레시피를 짜듯 리포트 구성안을 짜고 기사를 작성한 뒤 편집을 한다. 녹음과 편집이 끝나면 컴퓨터그래픽이나 효과음, 음악, 예쁜 서체의 자막을 넣어 전달력을 높인다. 음식을 식탁에 내놓기 전 예쁘게 치장하

는 것과 같다.

리포트는 앵커 멘트와 기자의 육성으로 현장을 전하는 본문으로 구성된다. 앵커 멘트는 간단명료하게 정리한다. 짧게는 한 문장, 길어야 두 세 문장으로 작성하는 것이 좋다. 너무 짧으면 시청자의 관심을 불러일으킬 수 없으며 너무 길면 기자의 본문과 중복될 수 있다.

예문 태풍 볼라벤, 화물선 두 동강

태풍 볼라벤이 몰아친 어제
7만 7천 톤급 화물선이 두 동강 났습니다.

선원 18명은
부서진 배안에서 불안한 밤을 보냈는데요.

어떻게 됐는지,
○○○ 기자가 취재했습니다.

두 동강 난 채
하룻밤을 보낸 화물선입니다.

성난 파도는
잦아들었습니다.
뜬눈으로 밤을 샌 선원들은

애타게 구조를 기다립니다.

[정재규/통영해경 구조대장]

"(안전 상태가 좀 어떻습니까?)

네. 어젯밤에 저희들이 동숙해서 안정된 상태입니다."

구조선이

조심스럽게 화물선 옆으로 다가갑니다.

잠시 후

철제 계단에 줄사다리가 연결됩니다.

[현장음]

"나중에 사람들 몇 명 내려오고 짐 내리고 짐 정리해야 돼."

긴 사다리가 고정되자

27미터 높이의 갑판에서

선원들이 한 사람씩 내려옵니다.

긴장감 속에 진행된

30분 동안의 구조작업

[현장음]

"네. 천천히. 마지막 다 내려왔습니까?

네, 다 내려왔습니다!"

[○○○ 기자 s,u]

풍랑에 갇힌 배에서 공포에 떨었던 선원 18명은

배가 좌초된 지 하루 반나절 만에

전원 무사히 구조됐습니다.

미소를 되찾은 선원들은 기념사진을 찍고

배낭을 챙겨 뭍으로 떠났습니다.

[알리/필리핀 선원]

"섬에 좌초됐지만 몸 상태는 괜찮아요."

[라익스/필리핀 선원]

"다행히 육지에 가까운 섬이었고 배가 좌초된 뒤

파도가 높지 않았습니다."

이제 두 동강 난 선체와

4만5천 톤의 석탄을

바다 오염 없이 옮기는 일만 남았습니다.

JTBC ○○○입니다.

④ 전화 연결

상황이 급박해 리포트를 제작할 시간이 없을 때 기자를 전화로 연결해 뉴스를 전한다. 현장 상황이 궁금할 때도 현장에서 취재 중인 기자를 전화로 부른다. 전화를 연결할 때는 가급적 유선전화를 이용하는 것이 좋다. 휴대전화는 통화 도중 끊기는 경우가 더러 있기 때문이다. 경우에 따라서는 휴대전화로 소식을 전하다 연결이 통화 도중 끊기면 현장의 상황이 다급하다는 것을 시청자에게 간접적으로 알려주는 효과를 얻을 수도 있다. 리포트와 마찬가지로 앵커 멘트를 작성하고 기자의 리포트 본문을 이어 붙인다.

⑤ 현장중계

뉴스의 현장을 생생하게 보여줄 수 있는 것이 현장중계다. 중계차나 MNG(무선 통신망 송출 장비) 등 중계 장비를 사건현장에 설치해 연결하면 뉴스를 실시간으로 전할 수 있다. 태풍이 몰아치거나 대형 산불이 발생한 경우, 폭우가 쏟아질 때 라디오로 뉴스를 듣는 것과 TV로 보는 것의 차이를 비교하면 현장중계의 위력을 이해할 수 있다.

현장중계 역시 앵커 멘트와 리포트 본문으로 이뤄진다. 기자가 직접 전하는 리포트 본문에서 현장 스케치를 상세히 하고 설명하는 것이 중요하다.

예문 14호 태풍 덴빈 북상

이번에는

부산과 경남지역 상황 알아보겠습니다.

부산 영도에 중계차 나가 있습니다.

○○○ 기자, 그 곳은 어떻습니까?

◀ 기자 ▶

네. 저는 부산 영도 절영 해안산책로에 나와 있습니다.

태풍 덴빈의 영향으로 이곳에는 강풍이 몰아치고 있는데요.

우산을 폈다 한번 놓아보겠습니다.

순식간에 저렇게 날아가 버립니다.

오전까지만 하더라도 태풍 볼라벤 때와 비교하면

바람의 세기가 약해

가까운 바다에서는 조업 중인 어선들이 많았습니다.

하지만 돌풍이 불기 시작하면서

그물을 걷고 항구로 들어오는 배가 늘고 있습니다.

비는 내리다 그쳤다 반복하고 있습니다.

비바람에 가로수의 가지가 흔들리고 잎이 날리자

시민들은 긴장하는 기색이 역력합니다.

한 시민을 만나보겠습니다.

[김부덕/부산시 남부민동]

“걱정은 되죠. 지난번에 볼라벤 지나간 뒤니까

조금만 더 와도 침수 되잖아요. 지반이 약해져서….”

현재 부산은 초속 6미터,

평균 8mm의 강수량을 보이고 있습니다.

사천과 통영, 거제 등 경남 남해안과

남해동부 전 해상에는 태풍주의보가 내려진 상태입니다.

경남지역 강수량은 평균 15.5mm를 기록하고 있고

먼 바다에서는 높은 풍랑이 일고 있습니다.

태풍의 영향으로 내일까지 남해안에는

40에서 100mm의 비가 더 내리겠습니다.

오늘 아침부터 경상남도와 부산시는

태풍 비상근무에 들어갔습니다.

지금까지 부산에서 JTBC ○○○입니다.

내용에 따른 기사 유형

방송 뉴스는 다루는 내용에 따라 크게 8개의 영역으로 구분된다. 각 영역별 기사는 비중에 따라 다시 단신과 리포트로 나눌 수 있다.

① 사건사고

기자가 방송사에 입사해 맨 처음 접하는 것이 사건사고 기사다. 보통 경찰서를 취재하며 기자 훈련을 받는데 '누가, 언제, 어디서, 무엇을, 어떻게, 왜' 이 여섯 가지를 취재해 기사를 작성한다. 상황에 따라 육하원칙 가운데 중요하지 않은 한두 가지를 뺄 수도 있다.

리포트로 제작할 때는 현장감 있는 인터뷰와 화면이 필수적이다. 사건사고를 목격한 사람을 찾아 목격담을 인터뷰하고 가능한 서둘러 현장에 도착해 촬영해야 한다.

② 날씨

날씨 기사는 생활과 직결돼 있어 시청자들이 많이 관심을 갖는 뉴스 아이템이다. 새벽부터 밤까지 뉴스를 할 때마다 빠지지 않는다.

날씨 기사에서 중요한 것은 가까운 미래의 기상예측이다. 아침 뉴스에서는 출근시간과 오전의 날씨를 다뤄야 하고 정오 뉴스는 오후와 밤 날씨를, 저녁 뉴스는 밤과 내일 새벽, 출근시간대의 날씨를 중점적으로 취급한다. 그 다음이 내일의 날씨와 주간 날씨 순이다. 비나 눈이 오는지, 태풍 또는 황사 등 기상특보가 발효되지 않았는지 주목해야 한다.

단신 예문 오늘 밤 중부, 호남에 시간당 30mm 비

오늘 밤 중부와 호남지방에 시간당 30mm안팎의
많은 비가 쏟아지겠습니다.

서해안과 경기 북부, 제주 산간 지방에 20에서 70mm,
서울·경기와 강원 영서, 충청과 호남 지방에
10에서 50mm의 비가 예상됩니다.

이번 비는 내일 오전에 대부분 그치겠습니다.

내일 낮 기온은 서울 26도, 광주 27도,
대구 29도 등으로 오늘보다 2-3도 높겠습니다.

기상청은 이번 금요일 전남과 제주를 시작으로
다음 주 월요일까지 전국에 비가 내리겠다고 내다봤습니다.

리포트 예문 태풍 '볼라벤' 한반도 향해 북상

제15호 태풍 '볼라벤'이

한반도를 향해 북상하고 있습니다.

내일 밤 우리나라를 지나면서

많은 피해를 입힐 것으로 우려됩니다.

○○○ 기자가 보도합니다.

◀ 기자 ▶

태풍 볼라벤은 현재

일본 오키나와 남동쪽 98km 해상에서

시속 15km의 속도로 북상하고 있습니다.

[김동진/국가태풍센터 예보관 인터뷰]

"내일 제주도부터 영향권에 들기 시작해 화요일 새벽 3시경에는 제주도에 가장 근접해 서쪽 약 150km 부근을 지나겠습니다.

낮 동안 수도권에 근접한 경기만 서쪽을 지나고 오후엔 황해도에 상륙하겠습니다."

[CG in]

모레 우리나라를 통과할 때

볼라벤의 예상 최대풍속은 시속 191km.

기상청 관측 이래 가장 강력한 태풍으로 기록된

매미의 최대 풍속에 버금갑니다.

[CG out]

[CG in]

박찬호가 전성기 때 던진 공의 속도 시속 161km보다 더 빠르고

테니스의 구속 200km와 비슷합니다.

[CG out]

2003년 우리나라를 강타한 태풍 매미는

반경 300km가 안 되는 소형태풍이었는데도,

130명이 숨지거나 실종됐고,

4조2000억 원의 재산피해가 났습니다.

그런데 볼라벤은 강풍반경이 550km인 대형태풍입니다.

매미보다 훨씬 커 한반도 전체가 영향권에 드는데,

최대 풍속은 비슷해 더 큰 피해를 입힐 수 있습니다.

태풍이 지나는 동안 남해안과 지리산에 최고 300mm,

중부지방에 최고 150mm가 넘는 많은 비가 예상됩니다.

[성기석/소방방재청 대변인 인터뷰]

"침수나 산사태가 예상되는 저지대 주민은 안전한 곳으로 대피하시기 바랍니다. 아파트 등 고층 건물 옥상, 지하실과 맨홀 등에 접근하지 않는 것이 좋겠습니다."

JTBC ○○○입니다.

태풍 취재 모습1

태풍 취재 모습2

③ **경제**

경제기사는 이해하기도, 작성하기도 어렵다. 숫자가 많고 복잡한 탓이다. 누구나 경제에 관심이 있지만 경제기사를 보기만 해도 머리가 아프다는 사람이 많다. 방송뉴스에서도 숫자만 나열하는 경제기사가 나오면 시청자는 채널을 돌린다.

먼 나라 이야기가 아니라, 나의 이야기라고 시청자가 느끼도록 쉽게 써야 한다. 숫자를 가급적 줄이고 삽화나 CG, 소품을 활용하는 것도 한 방법이다. 스튜디오에서 PT를 통해 친절하게 설명하는 것도 좋다.

그림을 그려가며 경제 뉴스를 리포트 하는 기자

④ **교육**

과거 '여름 보건, 겨울 교육'이라는 말이 있었다. 여름에는 집단 식중독 등 건강을 위협하는 사고가 잇따르는 탓에 보건 담당 기자가, 겨울에는 대학입시 때문에 교육 담당 기자가 정신없이 바쁘다는 뜻이다. 하지만 2001년부터 대학 수시모집이 시행되면서 교육 기사는 1년 내내 비중 있는 기사로 다뤄진다.

문제는 교육 기사가 복잡하고 어렵다는 점이다. 시청자 본인 또는 자녀, 형제, 손주 등이 학교에 다니거나 다닐 예정이면 교육 기사에 관심을 갖지만 관련되는 사람이 없으면 외면한다.

미디어 환경이 급변하면서 교육 관련 정보가 인터넷 등 다양한 통로를 통해 유통되는 것도 교육 담당 기자들을 어렵게 한다. 입시요강이나 교육제도를 전하는 정도로는 시청자를 붙잡아둘 수 없다. 정보를 단순 전달하는 대신 깊이 있는 기획과 새로운 시각, 교육의 흐름을 읽는 날카로운 눈이 필요하다.

리포트 예문 대치동 중간고사 신풍속도

요즘 중-고등학생들이

중간고사를 치르는 기간인데요,

엄마는 물론 온 마을 주민이 함께 시험을 치른다는

사교육 1번지, 서울 대치동을 취재했습니다.

꼭 이렇게까지 해야 하나 싶은,

몇 가지 신 풍속도를 ○○○ 기자가 보도합니다.

◀ 기자 ▶

〈시험 전날 두뇌 트레이닝〉

한 학생이 머리에 띠를 두르고

컴퓨터 모니터를 보며

두뇌 훈련 프로그램을 따라합니다.

[고2 여학생 인터뷰]

"계속 하다보니까 암기도 잘 되고…"

성적을 1점이라도 더 올리기 위해 시험 전 날, 뇌파를 안정시키고

집중력을 키우는 훈련입니다.

[임은영/E학원 원장 인터뷰]

"매일 시험 보기 전에 항상 와서 준비하는 학생들이 있어요.

대치동은 학부모 관심이 많고, 경제력이 있어서 이런 프로그램을 이해할 수 있어서…"

〈'정숙' 강조 아파트 공고문〉

대치동 한 아파트 단지에 붙은 공고문입니다.

[사진 확대, 강조]

"학생들의 중간고사 기간 동안 아파트 내 정숙을 요청합니다."

"학생과 학부모가 최고의 긴장 모드로 전환되는 시기이니

못 하나 박는 것도 조심합시다."

관리소장의 당부는, 중간고사 기간 거대한 고시촌으로 변한

대치동의 모습을 대변합니다.

〈성적표 보는 법도 컨설팅〉

대치동 학부모들은 중간고사가 끝나기도 전에

다음 기말고사를 준비합니다.

[SYNC] "기말고사에서 한 문제만 더 맞추면 이 아이는…"

전문 컨설턴트가 학부모에게 성적표 보는 법과 기말고사를 위해

준비해야할 것들을 알려줍니다.

[이미애/교육전문 컨설턴트 인터뷰]
"전문가 찾고 팀 수업을 다시 짜고 강사를 교체하는 등
학부모들이 굉장히 바쁜 시기입니다."

원하는 사교육은 무엇이든 존재한다는 대치동.

중간고사 기간에도 다른 곳에선 볼 수 없는 웃지 못할 풍속도가
낯설게 펼쳐지고 있습니다.

JTBC ○○○입니다.

⑤ 정치

정치 기사는 복잡하면서 단순하다. 정치 기사의 중심은 사람이다. 정치인의 말과 행동, 갈등이 큰 부분을 차지한다. 정치부 기자는 사람을 쫓는다. 대통령 선거를 앞두고는 주요 후보의 일거수일투족을 취재하기 위해 새벽부터 늦은 밤까지 후보를 그림자처럼 따라다닌다. 대통령 선거 때가 아니어도 국회와 정당의 유력 정치인을 중심으로 취재한다.

정치인의 말과 행동을 그대로 전달하는 것이 정치 기사의 본질은 아니다. 겉으로 드러나는 것만 따라가다보면 실체를 파악하기 힘들게 된다. 펼쳐지는 정치상황을 분석해 정확하게 판단하는 능력이 있어야 한다.

예문 박근혜와 MB 회동… 셈법은?

이명박 대통령과 새누리당 박근혜 대선후보가

내일 전격적으로 만납니다.

앙숙관계였던 두 사람이

대선을 앞두고 마주앉는 까닭을

○○○ 기자가 보도합니다.

◀ 기자 ▶

〈통CG in〉

김영삼-이회창 :땡 !

김대중-노무현 :땡!

노무현-정동영: 땡!

이명박-박근혜: 딩동댕

〈통CG out〉

임기 말 대통령은 레임덕에 시달리다 떠밀리듯 탈당한 뒤

여당 대선후보와는 남남이 돼버리는 게 그동안의 공식이었습니다.

내일 청와대에서 이명박 대통령과 독대하는 박근혜 후보도

자칫하면 '이명박근혜'란 공격을 받을 수 있는 상황

그럼에도 박 후보가 회동을 먼저 제안하고 이 대통령이 선뜻 수락한 건 서로 '남는 장사'가 될 거라는 판단 때문입니다.

우선 박 후보는 이 대통령과 손잡는 모습을 보임으로써
자신을 맹공해온 비박계와 화해하고 당내 통합을 이룰 수 있다고 보고 있습니다.

또 수도권에서 고전중인 박 후보로선 2007년 대선에서 이 대통령을 지지했던 수도권 표심을 끌어올 수 있다는 계산도 깔려 있습니다.

이명박 대통령도 여당 대선후보와 원만한 관계를 바탕으로 25년 만에 처음으로 탈당하지 않고 임기를 채운 대통령으로 기록될 기회를 얻게 됐습니다.

또 정권재창출에 성공하면 퇴임 이후 평가에서도 유리한 고지를 점할 수 있게 됩니다.

하지만 정치권에선 양측이 암묵적으로 더 큰 거래를 할 수 있다는 관측도 나옵니다.

이 대통령은 퇴임 후 안위를 보장받고, 박 후보는 이 대통령 세력까지 포괄한 보수층의 전폭적인 지지를 확보한다는 시나리옵니다.

이런 각자의 셈법을 가지고 내일 만나게 될 두 사람

그동안 깊었던 감정의 골을 뛰어넘어
얼마나 화기애애한 분위기를 연출할지 주목됩니다.

JTBC ○○○입니다.

⑥ 문화

음악·미술·연극·영화·출판 등 문화는 이제 예술의 영역 안에 갇혀 있지 않다. 문화는 산업이며 권력이다. 우리의 삶을 여유롭고 품위 있게 만들 뿐만 아니라 많은 사람을 먹여 살린다. 한 시대를 관통하는 트렌드를 만들어 세상을 뒤흔든다.

2012년 여름과 가을 가수 싸이가 내놓은 '강남 스타일' 뮤직비디오는 유튜브 조회수 1위를 차지하고 빌보드 차트의 기록들을 갈아치웠다. 문화 기사는 문화와 트렌드, 산업을 동시에 담을 수 있어야 한다.

신문 기사는 깊이 있는 분석이 강점이다. 반면 방송 뉴스는 현장의 생생한 모습과 소리, 분위기 등을 잘 보여줄 수 있다. 때로 기사가 필요하지 않을 때도 있다. 현장을 있는 그대로 보여주는 것이 전달력이 더 높기 때문이다.

예문 B급 노래 '강남스타일'… 빌보드 차트 2위

가수 싸이의 노래 '강남스타일'이

빌보드 싱글차트 2위에 오르는

기염을 토했습니다.

○○○ 기자가 풀어드립니다.

◀ 기자 ▶

[EFFECT-지금부터 갈 데까지 가볼까 오빤 강남스타일]

'싸이가 1위에 오르는 데는 이제 한 계단 남았다'

세계 대중음악의 중심 빌보드의 말입니다.

싸이가 오늘 '강남스타일'로 빌보드 싱글차트 2위에

이름을 올렸습니다.

64위로 빌보드에 진입한 뒤 불과 2주 만입니다.

[김작가/대중음악평론가 인터뷰]

"기존 k-pop과 달리 최초로 세계에서 가장 인기 있는 음악이라는

말이 공염불이 아니라

현실화 된다는 의미를 갖고 있는 거죠."

빌보드 싱글차트를 매기는 데는 음원 다운로드 수와 라디오 플레이 수, 그리고 싱글음반 판매량이 주로 사용됩니다.

싸이는 미국에서 싱글음반을 내지 않았는데도,
음원 다운로드와 라디오 플레이가 크게 늘어나며
점수를 상승시키고 있습니다.

1위 마룬파이브의 '원 모어 나이트'가 15% 오른 것에 비하면 가파른 성장세.

다음 주 빌보드 차트에서 1위를 할 수 있다는 기대를 높이는 이웁니다.

[임진모/ 대중음악평론가 인터뷰]
"마룬파이브는 이제 내려가는 단계고 싸이는 올라가는 단계이기 때문에, 다음 주 1위는 거의 따 놓은 당상.
1위가 거의 유력 확실시되는 상황이죠."

경쾌한 리듬에 맞춘 싸이의 말 춤이 세계를 점령할 수 있을지
다음 주 빌보드 차트에 세계의 관심이 쏠리고 있습니다.

JTBC ○○○입니다.

싸이의 유투브 화면

싸이의 공연 화면

⑦ **스포츠**

드라마나 영화보다 더 재미있는 것은 흔히 각본 없는 드라마로 불리는 스포츠다. 우리 국가대표팀과 일본 국가대표팀의 축구 경기가 열리는 날이면 두 나라가 들썩인다. 그 현장을 전하는 스포츠 뉴스는 신문과 인터넷 기사에 없는 흥분과 감동을 선사한다.

스포츠 기사는 경기 결과를 단순히 전하는 데 그치지 않고 경기의 흐름을 분석하고 해설해야 한다. 결정적인 순간의 영상과 현장음이 있다면 기자의 멘트 없이 전달하는 것이 효과적일 때도 있다. 경기의 주요 장면을 압축적으로 보여주는 하이라이트 편집도 하나의 방법이다. 경기장 밖에서 펼쳐지는 선수와 감독의 인간적인 이야기가 경기 내용보다 더 심금을 울릴 때도 있다.

예문 현상수배, MVP를 찾습니다.

프로야구 페넌트레이스가 막바지로 향하면서

포스트시즌 진출 팀 못지않게 누가 최우수 선수,

MVP에 오를지 관심이 쏠리고 있는데요.

올해는 유독 유력 후보가 없는, 그야말로 안개속입니다.

○○○ 기잡니다.

◀ 기자 ▶

〈CG in/ 현상수배 전단지-MVP를 찾습니다〉

[류중일/삼성 감독 인터뷰]

"페넌트레이스 우승팀에서 MVP가 나왔으면 좋겠습니다. 많은 표 부탁드리겠습니다."

[김시진/넥센 감독 인터뷰]

"우리 (박)병호를 많이 예뻐해 주시고 그러면 미디어 여러분 표를 좀 많이 주셨으면 하는 바람입니다."

프로야구 정규시즌 막바지, 감독들이 유세에 나섰습니다.

뚜렷한 MVP감이 없는 상황, 자기 선수를 MVP로 미는 감독들은 애가 탑니다.

꿈의 4할 타율을 노렸다, 3할7푼대로 다소 내려앉은 김태균,

부동의 타격선두로 MVP 후봅니다.

그러나 최근 최다안타와 장타율 부문에서

2위로 내려앉는 등 하락셉니다.

홈런, 타점선두 넥센 박병호도 MVP감입니다.

[박병호/넥센 인터뷰]

"김태균 선배나 이승엽 선배, 박석민 선수, 뭐 타자 쪽에서는 그렇게 있을 것 같은데…

그 분들과 같이 이름이 거론된다는 것만으로도 저는 정말 좋아요."

다만 둘은 부진한 팀 성적이 아킬레스건입니다.

포스트시즌 탈락 팀에서 MVP가 나온 건 지금까지 딱 두 번 뿐입니다.

그렇다보니, 선두 삼성에서 MVP가 나올 거라는 관측도 있습니다.

후보는 다승 1위 장원삼과 박석민, 그리고 이승엽.

[류중일/삼성 감독 인터뷰]

"글쎄요. MVP 되려면 굵직한 타이틀이 하나 있어야 될 것 같아요.
타이틀도 타이틀이지만
팀 공헌도에서 점수를 좀 많이 주셨으면 좋겠습니다."

예년과 달리 MVP감이 안 보이는 올해 프로야구.

사실상 굳어진 삼성 롯데 SK 두산의 4강 체제와 달리
안개 속 MVP 경쟁 구도는 시즌 막판 또 하나의 관전 포인트입니다.

JTBC ○○○입니다.

⑧ 국제

국제 기사는 재미있다. 그리고 어렵다. 시청자들은 아프리카와 동남아시아의 먼 나라에서 발생한 뉴스에 큰 관심을 보이지 않는다. 내 집 앞에서 발생한 납치와 살인사건은 눈을 크게 뜨고 지켜보며 함께 가슴 아파하고 불안해하고 분노하지만, 수백 명이 숨진 아프리카의 내전에는 시큰둥하다.

이런 시청자를 붙잡기 위해서는 알기 쉽고 생생하게, 재미있게 전하려는 노력이 필요하다. 아프리카의 내전이 우리 삶에 어떤 영향을 미치는지 분석해 홍미롭게 전달해야 한다.

예문 한·일에 '가시' 같은 중국 항모

어제 중국의 첫 항공모함 '랴오닝호'가 정식 배치되면서
동북아 일대의 긴장감이 높아지고 있습니다.

한중일 3국 가운데 중국이 가장 먼저 항공모함을 갖게 되면서
군비 경쟁이 치열해질 것으로 보입니다.

랴오닝호 배치의 의미와 파장을
○○○ 특파원과 ○○○ 기자가 짚어드립니다.

◀ 기자 ▶

후진타오 중국 국가 주석이 랴오닝호 함장에게 함기를 전달합니다.

후 주석은 이어 갑판에서 의장대를 사열함으로써
항공모함 배치를 공식 승인합니다.

랴오닝호는 갑판 길이 302m, 폭 72m에,
배수량 6만7500톤짜리 중형 항공모함입니다.

러시아의 함재기 수호이-33을 기반으로
중국이 자체 개발한 젠-15가 실릴 예정입니다

랴오닝호는 앞으로 칭다오에 사령부를 두고 서해를 관할하는 북해 함대에 배속될 것으로 보입니다.

[뤄위안/인민해방군 소장 인터뷰]
"(항모의 보유로) 일정한 영역에서 제해권과 제공권을 장악할 수 있을 겁니다. 중국에 큰 의미가 있습니다."
중국은 우크라이나에서 고철 상태의 항공모함을 사들인 뒤
14년 동안 개조작업을 벌여 랴오닝호로 재탄생시켰습니다.

하지만 고난도 기술이 요구되는 함재기 이착륙 문제가 아직 검증되지 않았고, 호위 전단을 갖추지 못해 실전 배치까지는 3~4년이 더 걸릴 전망입니다.

[○○○/베이징 특파원 su]
"아직 함재기도 탑재하지 않은 상태에서 서둘러 항공모함을 취역시킨 것은 최근 동중국해에서 센카쿠 열도, 중국명 댜오위다오를 둘러싼 긴장이 고조되고 있기 때문입니다."

베이징에서 JTBC ○○○입니다.

[○○○ 기자/ 가상 스튜디오]
최근 센카쿠 열도를 둘러싸고 팽팽히 맞붙었던 중국과 일본, 두 나라 사이에 만약 무력충돌이 일어난다면 어느 쪽이 더 우세할까요?

해군력을 비교해 보면, 중국이 일본에 비해 수적으론 훨씬 앞섭니다.

잠수함의 경우 중국이 일본의 4배입니다. 미사일 초계정도 일본은 없고 중국만 있습니다.

하지만 전력 운용 면에선 일본에 이점이 있습니다.

센카쿠에서 충돌이 생기면 중국은 동해함대가 출동하고 북해함대의 지원만 가능합니다.

하지만 일본은 4개 호위대군이 모두 출동할 수 있습니다.

게다가 일본은 함정과 항공기 모두 첨단 전자 장비를 갖춰
작전 능력에서도 중국을 앞섭니다.

하지만 어제 랴오닝호가 취역하면서 이 같은 전력 균형에 변화가 불가피합니다.

이에 따라 일본을 비롯해 중국과 영유권 분쟁을 벌이고 있는 베트남, 필리핀 등 주변 국가들이 군비 경쟁에 나설 것으로 보입니다.

합동 군사 훈련을 실시하는 등 이들 국가와 미국 간의 군사적 연계도 더욱 강화될 전망입니다.

랴오닝호 취역의 파장이 큰 건 항공모함이 바다 위를 떠다니는 해군기지라 할 만큼 위협적이기 때문입니다.

배 위에 전투기, 폭격기, 헬기 등을 실을 수 있고 구축함과 이지스함, 잠수함 등이 따라붙습니다.

우리 정부는 랴오닝호 취역이 한반도에 미칠 영향에 촉각을 곤두세우고 있습니다.

랴오닝호가 서해를 관할하는 북해함대에 배치되면 한반도 전역이 직접적인 사정권에 들어가게 됩니다.

JTBC ○○○입니다.

기사 리포팅의 실제

좋은 리포팅의 조건

좋은 리포팅은 한 마디로 '기자가 전하고자 하는 것을 100% 전달하는 것'이다. 기자는 단신을 쓸 때나 1분 30초가 넘는 리포트를 제작할 때나 똑같이 심혈을 기울여 취재하고 기사를 작성하고 녹음한 뒤 편집한다. 그런데 발음이 잘못됐거나 말투가 어눌하고 촌스러워서 또 웅얼웅얼 하듯 말을 해 시청자가 무슨 말인지 못 알아듣는다면 기자는 헛수고를 한 것이다. 아무리 열심히 취재를 해 특종 보도를 했다고 해도 시청자가 알아들을 수 없다면 무슨 소용이 있겠는가. 신문기자가 2~3개월 동안 탐사취재를 해 1면 톱기사로 기사를 멋지게 썼는데 신문을 펼쳐보니 인쇄상태가 엉망이어서 독자가 기사를 제대로 읽을 수 없는 것과 마찬가지다. 신문기자가 글로 표현하고 방송기자가 말로 표현하는 차이만 있을 뿐 전달력이 높아야 한다는 명제에는 변함이 없다.

방송기자가 자신이 취재한 것을 100% 전달하려면 어떻게 해야 할까? 시청자가 집중할 수 있도록 만들어야 한다. 시청자를 집중하지 못하게 하는 걸림돌은 제거해야만 한다.

사투리를 심하게 쓰는 기자가 리포팅을 한다고 생각해보자. 시청자의 귀에 내용은 들어오지 않고 억센 사투리 억양만 신경이 쓰인다. 어미 처리도 이상하고 귀에 거슬린다. 이때 시청자는 무슨 생각을 할까? "저 기자의 고향은 어디일까?" "도대체 왜 저렇게 이상한 억양을 쓰는 걸까?" "발음을 교정할 수는 없는 걸까?" "방송국 차원의 교육은 받지 못했나?" "어떻게 기자로 뽑혔을까?" 이런 생각이 꼬리를 문다면 어떻게 될까. 기자는 힘들게 취재한 것을 풀어놓지만 시청자에게 전달되는 것은 거의 없다. 기자 개인의 비극일 뿐만 아니라 방송국에는 재앙이다.

좋은 리포팅을 위해서는 아래의 10가지 요소가 필수적으로 요구된다.

① 표준어와 표준발음

표준어는 교양 있는 사람들이 두루 쓰는 현대 서울말이다. 표준어의 조건은 표준적인 어휘와 표준적인 발음이다. 1989년 3월 1일부터 시행 중인 한글 맞춤법과 표준어 규정에 따른다.

② 자연스러운 억양

억양은 말의 오르내림이다. 기사의 내용에 따라 올리거나 내리거나, 어미에 힘을 주거나 빼거나 한다. 오르내림이 없이 항상 평탄하게 말한다면 단조롭기 짝이 없다. 억양이 없는 리포팅은 바람 한 점 없이 고요한 호수와 같다. 움직이지 않는 호수가 썩을 수밖에 없듯이 억양이 없는 리포팅은 시청자를 지루하게 만든다.

③ 깔끔한 어미 처리

기자가 처음 리포팅을 하면 어미 처리에 어려움을 겪는다. 대학교를 졸업할 때가지 어미 처리를 제대로 배운 적이 없기 때문이다. 10개의 문장으로 하나의 기사를 완성했을 때 1번 문장, 2번 문장, 3번 문장… 10번 문장까지 어미 처리를 어떻게 하는 것이 좋을까. 문장의 어미를 계이름 '미' 또는 '도'로 똑같이 끝낸다면 시청자들은 지루해 할 것이다. 어미를 길게 늘이는 것도 좋지 않다. 문장의 어미 음을 조금씩 다르게 하고 깔끔하게 처리하는 노력이 필요하다.

④ 짧고 간결한 문장

순간적으로 스쳐 지나가는 뉴스를 시청자가 따라잡도록 하기 위해서는 기사의 문장이 짧고 간결해야 한다. 한 문장 안에 하나의 팩트만 넣는 것이 좋다. 이것저것 많은 것을 담으려고 하면 아무 것도 전달하지 못할 수 있다.

⑤ 이해하기 쉬운 표현

어려운 표현을 쓴다고 기자가 유식해 보이지 않는다. 시청자는 그 표현이 무슨 뜻인지를 두 번, 세 번 생각하게 되고 그러는 동안 다음에 나오는 중요한 내용을 놓치게 된다. 기자는 시청자가 한 번에 알아들을 수 있도록 쉽게 표현해야 한다.

⑥ 정확한 장단음

방송뉴스는 말로 표현하는 것이기 때문에 글자는 같은데 장단음이 다른 말을 정확하게 발음해야 한다. 제대로 발음하지 않으면 혼란을 일으키기 쉽다. 예를 들면 눈(雪)은 길게, 눈(目)은 짧게 발음해야 한다.

⑦ 올바른 끊어 읽기

끊어 읽기는 뜻을 올바르게 전하는 데 필수적이다. 기사의 전체적인 문맥을 파악한 뒤 의미의 호응관계에 따라 적절하게 끊어 읽도록 노력해야 한다.

- 경찰이 필로폰을 투약하고/ 불법유턴을 하다 사고를 낸/ 20대 남자를 붙잡았습니다.(×)
- 경찰이/ 필로폰을 투약하고 불법유턴을 하다 사고를 낸/ 20대 남자를 붙잡았습니다.(O)

끊어 읽는 위치에 따라 경찰이 필로폰을 투약했을 수도 있고 20대 남자가 필로폰을 투약했을 수도 있다. 발음만 정확하게 한다고 해서 좋은 리포팅이 될 수 없는 이유다. 지나치게 자주 끊어 읽으면 시청자가 편안하게 뉴스를 시청할 수 없다. 툭툭 끊어 읽으면 시청자들도 툭툭 걸리게 된다.

⑧ 차분한 호흡과 발성

발성은 호흡을 통해 성대를 진동시켜 나는 소리를 입이나 코를 거쳐 밖으로 울려 내보내는 것을 말한다. 호흡이 길고 편안하지 못하면 만들어지는 소리도 차분하지 못하고 불안하게 된다. 무리한 음이나 지나치게 꾸미는 소리를 내지 않고 자연스럽고 차분하게 호흡과 발성을 하는 것이 필요하다.

⑨ 바른 우리말

되도록 바른 우리말로 표현한다. 한자어나 외국어, 외래어를 쓰면 시청자는 그 뜻을 제대로 이해하지 못하게 되고 전달력이 떨어지게 된다.

⑩ 올바른 경어법

방송은 경어로 시작해서 경어로 끝난다. 방송언어는 시청자 중심의 경어여야 한다. 지나치게 높이거나 반복해서 경어를 사용하면 시청자에게 불쾌감을 줄 수 있다.

- 대통령께서 경축식장에 들어오시고 계십니다.(×)

  ⇒ 대통령이 경축식장에 들어오고 있습니다.(O)
- 감기에 걸리신 시청자분들이 많으실 텐데요.(×)

  ⇒ 감기에 걸리신 분들 많은데요.(O)

生生 tip

사투리가 나쁜 것만은 아니다. 사투리가 사라지는 것은 소중한 문화자산을 잃는 것이다. 하지만 방송기자는 누구나 이해할 수 있도록 표준말을 구사해야 한다. 시청자는 방송 뉴스에서 사용되는 언어를 바른 언어, 표준말로 인식한다. 그리고 방송 뉴스를 우리 사회의 언어적 기준인 '규범 언어'로 받아들인다. 올바른 언어를 사용해 리포팅 하는 것은 기자의 의무다.

시청자들이 뉴스에 집중하지 못하도록 만드는 걸림돌은 사투리 이외에도 많다. 어미를 지나치게 길게 늘이거나 끊어 읽기가 어색하거나 리포팅 할 때마다 숨이 차듯 헐떡거리는 경우, 역설적으로 기자의 목소리가 너무 좋은 것도 걸림돌이 될 수 있다. 탤런트 현빈처럼 잘생기고 목소리는 유명한 바리톤 가수처럼 매력적인 저음을 가졌다면 시청자들이 집중할 수 있을까. 관심을 끌 수는 있겠지만 전달력은 떨어질 가능성이 높다. 시청자들이 기자의 잘생긴 얼굴과 멋진 목소리에 반해 멍한 표정으로 TV를 바라본다면 기자의 리포팅 내용은 귀에 들어오지 않을 것이기 때문이다.

스탠드업

스탠드업(Stand-up)은 기자가 리포트를 제작할 때 현장에서 마이크를 잡고 상황을 설명하는 것을 말한다. 짧게는 10초에서 길게는 1분 이상 스탠드업을 한다.

태풍이 몰아치는 제주도 바닷가 방파제에서 기자가 마이크를 잡고 "태풍의 직접 영향권에 든 제주에 비바람이 거세게 몰아치고 있습니다. 집채 만한 파도가 방파제를 때립니다. 이렇게 서서 말하기도 힘든 상황입니다."와 같은 스탠드업을 하면 시청자는 화면만 볼 때 보다 생생하게 현장을 파악할 수 있다. 대형 사건사고 현장이나 고발 현장에서 기자의 스탠드업은 현장감을 높인다.

스탠드업은 기자가 현장에서 취재했음을 보여줌으로써 뉴스의 신뢰도를 높이는 역할도 한다. 사전에 녹화해 제작한 리포트지만 스탠드업이 있으면 생방송과 같은 느낌을 줄 수 있다. 현장 영상이 부족할 때도 기자의 스탠드업은 유용하다. 기자가 마이크를 잡고 여기 저기 옮겨 다니면서 시간을 들여 설명하면 데스크 입장에서는 고맙다.

기자가 자신의 얼굴을 내비치기 위해 스탠드업을 하는 건 바람직하지 않다. 기사 내용과 관련이 없는 곳에 가만히 서서 형식적인 내용을 두 문장 정도 말하는 것은 전달력을 높이는 데 아무런 도움이 되지 못한다.

스탠드업에는 아래의 다섯 가지 유형이 있다.

① 고정 스탠드업

전통적인 방식의 스탠드업으로 한 자리에 서서 촬영기자가 바스트샷으로 잡고 취재기자가 두 문장, 10~15초 정도 말한다. 현장감이 떨어지고 형식적으로 비쳐지기 쉽다.

② 워크 앤 토크(Walk and Talk)

기자가 움직이면서 현장을 자세하게 설명할 때 활용한다. 태풍이 휩쓸고 지나간 지역을 보도할 때 이곳저곳 돌아보면서 아수라장이 된 현장을 설명한다. CNN 종군기자들이 많이 쓰는 방식이다. 기자의 애드립(즉흥적인 말) 능력이 필요하다. 1분 이상 이어가는 경우도 있고, 영상을 전혀 사용하지 않고 2~3분 이상 리포팅할 수도 있다.

③ 현장 CG를 활용한 스탠드업

구체적인 수치나 통계자료를 언급할 필요가 있을 때 기자는 현장에서 스탠드업을 녹화하고 기자 옆의 빈 공간에 추가로 CG(컴퓨터 크래픽)를 얹어서 방송한다. 기자는 녹화를 할 때 옆에 CG가 있다고 가정하고 손짓하며 설명한다.

④ 인터뷰 스탠드업

기자 혼자 마이크를 잡고 얘기하지 않고 인터뷰 대상자와 자연스럽게 걷거나 서서 이야기를 풀어가는 방식이다. 기자가 먼저 말을 시작한 뒤 옆에 있는 인터뷰 대상자에게 질문을 하거나 이야기를 주고받는다.

⑤ 투맨 스탠드업 (Two-men Stand up)

논란이 있거나 갈등이 심각한 현장에서 2명의 기자가 함께 스탠드업을 하는 방식이다.

상반되는 입장을 하나씩 맡아 설명한다. 그렇다고 기자가 객관성을 잃어서는 안 된다. 서로의 논리에 빠져 기자 스스로가 그렇게 주장하는 것처럼 비쳐져서는 안 된다. 리포트 2개를 연결해서 보도할 때 브릿지 역할로 유용한 방식이다.

생방송의 노하우

생방송은 어렵다. 그러나 녹화보다 스릴 있고 방송준비도 간단하다. 긴장된 분위기에 압도돼 끌려가지 않고 생방송 현장의 분위기를 주도할 수 있다는 자신감이 필요하다. 생방송 카메라 앞에 서면 누구나 떨게 마련이다. 카메라 뒤에 있는 수많은 시청자가 의식되기 때문이다. 혹시

실수하면 어떻게 하지, 틀리면 창피한데, 친구와 애인이 오늘 방송을 보기로 했는데…. 이런 생각이 꼬리를 물고, 틀리지 않겠다고 생각하면 오히려 긴장해 실수하게 된다.

생방송을 앞두고는 커피나 콜라 같은 자극적인 음료를 마시지 않는 게 좋다. 트림이 나거나 심장박동이 빨라져 긴장할 가능성이 높다. 과자나 땅콩·호두 등 표면이 거친 음식도 먹지 않아야 한다. 양치를 하더라도 입안에 남아 있다 사래를 유발하거나 목소리를 잠기게 할 우려가 있다.

① 중계차 생방송

대형 사건사고가 발생하거나 태풍이 불 때, 또 정치인이 검찰에 소환되거나 대통령 후보 경선 등 큰 행사가 있을 때 중계차를 이용해 생방송을 한다. 실시간으로 현장의 분위기를 전달하는 것이 필요할 때 중계차를 보내는 것이다.

기자들은 완벽한 기사가 만들어지지 않은 상태에서 방송하는 것을 부담스러워 한다. 기사를 준비해 마이크를 잡았는데 생방송 직전에 원고가 바람에 날아가면 기자는 공황상태가 된다. 생방송 중이지만 한마디도 입을 열지 못한다. 지나치게 원고에 의존하는 습성 탓이다. 시청자를 대신해 현장에 나왔다고 생각하고 편안한 마음가짐으로 상황을 묘사하는 것이 중요하다.

生生 tip

떨지 않고 중계차 생방송을 하기 위해서는 훈련이 필요하다. 원고 없이, 기사를 쓰지 않은 상태에서 보이는 대로 설명하는 것이다. 서울 지하철 2호선 시청역에서 지하철을 기다리며 승강장에서 연습을 한다고 가정해보자.

"앞에 보이는 긴 터널이 캄캄하다. 머리 위 전광판은 지하철이 충정로역에 머물고 있음을 보여준다. 2분쯤 뒤 지하철이 시청역에 도착할 것으로 보인다. 뒤따르는 지하철은 아현역에서 신호를 기다리고 있다. 현재 시각 저녁 7시, 퇴근길 시민들이 승강장으로 밀려 내려오고 있다. 더위에 지친 탓인지 시민들의 어깨가 축 쳐져 있다. 표정도 밝지 않다. 불쾌지수가 어제보다 더 높은 것으로 보인다. 이때 한 무리의 대학생이 기자 옆을 지나고 있다. 직장인들에 비해 대학생의 표정은 비교적 밝다. 어깨에 기타를 둘러 맨 대학생도 보이고 저마다 먹을 것이 잔뜩 들어있는 짐 보따리를 손에 들고 있다. MT를 가는 모양이다."

이처럼 보이는 것을 그대로 설명하면 된다. 버스를 타고 어디를 가는 동안에도 얼마든지 연습할 수 있다. 차창 밖으로 스쳐 지나가는 것들을 중얼거리며 설명하면 된다.

② 스튜디오 출연

스튜디오에 출연해 생방송을 할 때는 마인드 컨트롤을 하는 것이 중요하다. 많은 사람이 보고 있을 거라는 생각에 주눅 들거나 겁먹지 말고 앞에 있는 카메라가 친구나 가족, 애인이라고 생각하자. 리포팅이 기자 혼자 많은 사람에게 설명하는 것이라면 스튜디오 출연은 일대일 대화처럼 편하게 진행하는 게 요령이다. 지나치게 목소리 톤을 올려 힘 있게 말할 필요가 없다. 차분하게 조목조목 설명하듯이 하면 된다.

스튜디오 카메라에 불이 켜지면 얼어붙는 사람들이 많다. 스튜디오 분위기가 익숙하지 않기 때문이다. 시간이 날 때 스튜디오를 자주 찾아 분위기를 익혀 두면 도움이 된다. 생방송이 시작되면 그 긴장된 분위기를 즐기려는 노력이 필요하다.

방송언어의 특징

① 방송언어는 구어체다

언어는 입으로 말하는 음성언어와 글로 쓰는 문자언어로 나뉘는데 일반적으로 방송언어는 음성언어를 지칭한다. 반면 신문기사는 문자언어를 쓴다. 방송언어는 구어체의 특징을 갖고 있다.

문어체의 특징	구어체의 특징
글이 비교적 길다	글이 비교적 짧다
주어와 서술어가 명확하다	주어나 서술어를 생략할 수 있다.
글의 차례가 옳게 돼 있다	글의 차례가 바르지 않을 수도 있다.
말을 맺지 않고 끝나는 일이 없다	말을 맺지 않고 마치는 수도 있다.

② 방송언어의 조건

방송언어가 갖춰야 할 조건이 있다. 우선 품위가 있어야 한다. 다양한 연령층이 TV를 시청하는 만큼 가벼워서는 안 된다. 또 자연스러워야 한다. 지나치게 긴장하거나 흥분해서는 안 된다. 편안하게 시청할 수 있도록 차분하게 말해야 한다. 짧은 시간에 많은 정보를 전달해야 하기 때문에 의미를 벗어나지 않는 범위에서 음운이나 음절을 생략한다.

예를 들어 아래와 같다.

하여 (×) => 해, 했으며, 했고, 했습니다. (O)

되어 (×) => 돼, 돼서, 됐으면, 됐고, 됐습니다. (O)

김경호입니다 (×)=〉 김경홉니다 (O)

(쓸 때는 '김경호입니다'로 쓰고 말할 때는 '김경홉니다")

보도입니다 (×)=〉 보돕니다 (O)

기자입니다 (×)=〉 기잡니다 (O)

③ 발성

발성은 호흡을 통해 성대를 진동시켜 나는 소리를 입이나 코를 거쳐 밖으로 울려 내보내는 것이다. 호흡기관은 발성기관과 조음기관으로 구분하는데 성대를 발성기관이라고 한다. 여기서 나는 소리를 코(비강)와 입(구강)에서 조절한다고 해 코와 입을 조음기관이라 한다.

뉴스 앵커는 중간 정도의 안정된 목소리 톤이 효과적이며 기자는 앵커보다 약간 높은 톤으로 리포팅을 하면 현장감과 전달력을 높일 수 있다.

발성할 때는 아래 사항을 주의해야 한다.

- 자연스럽게 소리를 낸다. 무리한 음이나 꾸미는 소리는 피한다.
- 건강한 몸과 마음을 유지한다. 우울하거나 침통한 상태에서 발성하면 그대로 드러난다.
- 신체 부위의 압박감이나 긴장감 없이 소리를 낸다. 발성기관 어느 한 부분이라도 압박감이나 긴장감이 있으면 소리가 눌리고 듣기 싫다.
- 구강공명과 비강공명을 절반씩 이용한다. 한쪽으로 치우쳐 코에 의존하면 콧소리가 난다.

- 인후(목)에 힘을 주지 않는다. 목에 지나치게 힘을 주게 되면 소리가 눌리고 찌그러져 탁한 소리가 나며, 목이 쉽게 상한다.
- 아랫배에 힘을 줘 뱃속에서부터 울려 나오는 소리를 낸다.
- 분위기에 맞게 높이를 조절한다. 높은 목소리는 경쾌함과 상냥함을, 낮고 중후한 목소리는 신뢰감을, 낮은 목소리는 권위와 무게감을 준다.

生生 tip

발성을 좋게 하기 위해서는 복식호흡이 좋다. 아랫배에 공기를 충분히 들이마시고 천천히 뱉으면서 말하면 훨씬 더 여유 있게 발성할 수 있다. 복식호흡을 할 때는 팔이나 어깨, 가슴 등에 힘이 들어가지 않도록 최대한 긴장을 풀고 천천히 코로 숨을 들이마셔서 아랫배에 모은다. 숨을 내뱉을 때는 일정한 세기와 속도로 최대한 천천히 뱉는다.

복식호흡 훈련법은 다음과 같다.

먼저 티슈를 입 10cm 앞에 들고 복식호흡을 한 뒤 천천히 내뱉는다. 이때 티슈의 아래 끝이 15도 가량 뒤로 꺾인 채 유지되도록 하는 게 관건이다.

다음, 양초를 앞에 두고 호흡을 뱉는다. 티슈와 마찬가지로 불꽃이 살짝 꺾인 상태가 유지되도록 일정한 세기와 속도로 호흡을 뱉는다.

마지막으로 풍선을 이용해 훈련한다. 똑같은 호흡의 세기와 속도로 풍선을 분다. 풍선이 갑자기 커지거나 커졌다 작아졌다 하지 않도록 서서히 호흡한다.

④ 장단음

장음이 들어가지 않은 새집은 새로 지은 집이지만, 장음이 들어가면 새가 사는 집이 된다. 단음의 눈은 동물의 눈(目)이지만, 장음의 눈은 하늘에서 내리는 눈(雪)을 말한다. 이처럼 장단음은 단어의 뜻과 성격에 따라 첫음절을 때로는 길게, 때로는 짧게 발음하는 것을 말한다. 단음의 길이가 1이라면 장음의 길이는 1.8~2 정도가 적당하다. 지나치게 길게 발음하면 오히려 촌스럽다. 단음과 비교해 분명히 길게 발음하지만 지나치지 않도록 신경 써야 한다. 장단음은 뜻을 구분하고 말의 품위를 높이며 자연스럽게 고저장단을 발생시켜 리듬감을 더한다. 발음도 보다 명확해진다.

㉠ 장음에 의한 의미 구분(장음 표시 ':')

가:마 → 새색시 타고 가는 가마	간장 → 국간장, 진간장
가마 → 가마솥	간:장 → 사람의 장기
공: → 축구공	공:기 → 공기놀이
공 → 이바지한 공적	공기 → 숨 쉴 때 마시는 공기
과:거 → 옛날	부:자 → 돈 많은 사람
과거 → 과거 급제	부자 → 아버지와 아들
새:집 → 새가 사는 집	눈: → 하늘에서 내리는 눈(雪)
새집 → 새로 지은 집	눈 → 동물의 눈(目)
돌: → 자갈, 바위	말: → 입으로 하는 말
돌 → 첫 번째 생일	말 → 타고 다니는 말
밤: → 먹는 밤	산: → 살아있는
밤 → 낮의 반대	산 → 백두산, 한라산

솔: →구두 닦는 솔	모:자 →어머니와 아들
솔 →소나무	모자→머리에 쓰는 모자

ⓛ 숫자의 장음

기수: 2: 4: 5: 만:(萬)

서수: 둘: 셋: 넷: 열: 쉰:

ⓒ 방송 뉴스에 자주 쓰는 장음

방:송	보:도	취:재	경:찰	검:찰	대:통령	총:리
장:관	현:장	보:험	보:상	말:씀	대:회	총:영사
사:건	사:고	병:원	사:망	현:황	예:정	오:전
오:후	사:람	없:다	시:장	개:입	개:인	여:당
야:당	소:년	소:녀	그:림	대:선	대:표	소:설
전:화	전:파	이:념	야:구	장:남	파:괴	오:염
옛:날에	냄:새	많:은	편:지	섬:	저:수지	임:관
예:금	구:세군	사:업	비:교	손:해	검:토	연:구
보:전	헌:법	대:법원	효:과	보:고서	채:혈	환:자
비:극	손:상	돈:	헌:혈	운:동	자:세	예:방
주:사	반:응	방:치	교:육	반:성	면:역	방:문
주:의	신:호	무:대	이:해	경:기	경:쟁	우:주
문:제	연:구	도:로	여:론	부:담	대:변인	해:소
도:덕	항:구	대:학	교:훈	항:공	청:문회	개:혁
정:의	시:민	한:국	산:업	한:계	효:용	시:위

대:국민	보:장	사:용	자:금	공:여	비:용	조:성
용:도	운:행	시:설물	정:비	내:용	환:승	재:택
근:무	감:면	과:밀	준:공	시:행	개:정	양:계
감:염	폐:사	벌:이다	처:분	보:고	내:무부	경:비
숨:지다	현:지	부:상	저:항	선:택	연:예인	대:상으로
선:거	도:내	주:민	나무를 심:다		전:격	뉴:스
해:설	교:수	했:습니다		진:학	됐:다	사:관학교
없:고	많:은	애:를 태우다		외:국인	온:국민	효:
시:작	세:상	감:동	금:기	해:소	꺼:리다	아:무런
간을 떼:내		한:탄	위:해	사:실	창:립	소:중한
안:구	환:산	거:부	강:조	봉:사	장:려	간:염
보:균	작:은	변:함	먼:나라	강:의	좋:은	훈:련
유:명	공:동	최:초	처:음	일:하다	전:투	개:간
옛:날	개:량	이:상주의 공:동체		대:부분	계:속	최:고
모:든	해:상	안:개	점:차	예:를 들면		전:환점
외:래어	도:덕성	갖추지	못:한	알: 수 있다		귀:족
좋:겠습니다		사:용	한:글	숫:자	수:많은	한:자어
둘:째	대:가 (代價)		이:점 (利點)		과:연	의:미
성:격	거:짓말	센:	건:축	소:유자	뒤:	쇠:고기
쇠:가죽	쇠:뼈	쇠:기름	얘:기	아:실 겁니다.		올:바른
둘:다	총:칙	돼: 있습니다.		정:하다 (결정하다)		모:음
제: 1항	모:두	이:중	계:집	계:시다	이:외	강:의
다:만	긴: 소리	눈:보라	말:씨	밤:나무	멀:리	벌:리다

많:다	수:많은	둘:째	용:언	어:간	어:미	예:외
시:작	뒤: 음절	조:사	뒤:엣것	된:소리	예:사소리	숨:지다
방:화범	정:(鄭)/ 정(丁)		계:획	만:(萬)	위:하다	

⑤ **경어법**

경어법은 문법적으로 주체를 높이는 존경법, 말하는 사람과 듣는 사람의 관계에 따라 결정되는 공손법, 객체와 주체 그리고 말하는 사람과의 관계에 따른 겸양법이 있다.

가령 '선생님께서 가시옵니다.'라고 말할 때 '시'는 존경의 뜻을, '옵'은 자기를 낮추는 겸양의 뜻을, '니'는 상대 또는 듣는 이에게 공손의 뜻을 나타낸다.

경어법은 말을 바꾸거나 조사, 선어말 어미 등을 바꿔 표현한다.

| 체언에서 |

예사말	나	너	우리	밥	말	집	자녀
존대어		당신 그대 어르신네		진지	말씀	댁	아드님 따님
겸양어	저		저희		말씀		자식

| 용언에서 |

예사말	먹다	자다	죽다	있다	보다	주다	꾸짖다
존대어	잡수시다 잡숫다 드시다	주무시다	돌아가시다	계시다	보시다	드리다	꾸중하시다 나무라시다
겸양어	들다				뵙다		

| 조사에서 |

예사말	-가, 이	-에게	-아, 야
존대어	-께서, 께옵서	-께	-여,이여 -시여, 이시여

경어의 여러 단계 가운데서도 '하십니다. 하십니까. 하십시오' 등 구어체 극존대를 쓰는 것이 옳다. 간혹 인터뷰에서 "여기 사신 지 몇 해나 되셨나요?"라고 묻는 경우가 있는데 '되셨나요?' 대신에 '되셨습니까?'라고 묻는 것이 옳다. '됐나요?' 또는 '되나요?'는 무례한 표현이다.

상대가 어린이일 때에는 보통 존대인 '보아요'나 '보세요'를 쓴다. 극존대인 '보십시오'는 쓸 필요가 없다. 겸양어의 경우, '우리나라'를 '저희 나라'로 해서는 안 된다.

"따님께서 섭섭하셨겠어요." (×) ⇒ "따님께서 섭섭했겠어요." (O)
-상대자인 따님의 아버지를 존대하는 것이지 따님을 존대하는 건 아니다. 따라서 따님에 대해 존경 선어말어미인 '시'가 들어간 것은 잘못이다.

"이 머리는 젊어 보이십니다."(×) ⇒ "이 머리는 젊어 보입니다." (O)
-머리를 존대할 필요는 없다.

"선생님을 따라 노래하세요." (×) ⇒ "저를 따라 노래하세요." (O)
-아이들이라 해서 하대어를 쓰면 안 되고 '노래하세요'가 적당하다. 본인을 '선생님'이라고 높일 필요는 없다. 겸양어를 써서 '저를'이

옳다.

"이명박 대통령님께서 입장하고 계십니다." (×)

⇒ "이명박 대통령, 입장하고 계십니다." (O)

-시청자 중심으로 경어를 써야 한다. 시청자에게 얘기하는 것이므로 대통령에 대해서도 지나친 경어를 사용하지 않는다.

⑥ 수의 표현

㉠ 양수사(量數詞)와 서수사(序數詞)

양수사/기본수사

- 정칭(定稱): 하나, 둘, 셋, 열, 스물…

  1, 2, 3, 10, 백…

- 부정칭(不正稱): 두셋, 서넛, 너덧, 너더댓, 대여섯, 예닐곱, 일여덟, 엳아홉, 여남은, 몇, 여럿

서수사/순서수사

- 정칭(定稱): 첫째, 둘째, 셋째, 넷째, 열째, 열두째, 스무째, 꼴찌…, 제 1, 제 2, 제 3…
- 부정칭(不正稱): 한두째, 두셋째, 서넛째, 너덧째, 대여섯째, 일여덟째, 엳아홉째, 여남은째, 몇째

ⓛ 서수사의 표기

'둘째'는 열이 넘는 수에서는 '두째'로 바뀌어, '열두째, 백두째'가 된다.

ⓒ 수의 발음(: 장음표시)

고유어계(固有語系)- 둘: 셋: 넷: 열: 쉰:

아라비아수- 2: 4: 5:

ⓔ 수의 읽기

숫자는 천천히, 분명하게 읽는다.

- 만(萬) 단위 이하에서는 1을 읽지 않는다.

13,928표 → 만 삼천구백이십팔표

1,989년 → 천구백팔십구년

1,000m → 천미터

10원 → 십원

- 억(億)이 넘으면 1을 붙여 읽는다.

137,834,000원 → 일억 삼천칠백팔십삼만 사천원

다만, '억만장자', '억만년을 산다'는 관용어로서 그대로 쓴다.

금강산 '1만2천봉'도 관용어로 쓴다.

- 역사상 뜻이 있는 날짜의 발음

8·15 광복 [파리로]

6·25 전쟁 [유기오]

1·21 사태 [일리일]

- 나이의 표현

나이는 명수사(名數詞)의 종류에 따라 고유어계(固有語系)또는 한자어계(漢字語系)를 쓸 수 있다.

36세 → 삼십육세 [-심뉵-]

36살 → 서른여섯살 [-녀-]

58세 → 오십팔세, 쉰여덟살

한자어계와 고유어계를 섞어 '오십여덟살'로 발음해서는 안 된다.

* 참고

방년(芳年): 20세 전후의 꽃다운 여자 나이

약관(弱冠): 20세 불혹(不惑): 40세 지천명(知天命): 50세

이순(耳順): 60세 고희(古稀): 70세 희수(喜壽): 77세

산수(傘壽): 80세 망구(望九): 81세 미수(米壽): 88세

졸수(卒壽): 90세 백수(白壽): 99세

ⓜ 단위성 의존명사를 수식하는 수관형사

대-석대, 넉대, 다섯대 (자동차, 갈비)

장-석장, 넉장, 다섯장 (종이, 돈)

잔-석잔, 넉잔, 다섯잔 (물, 음료)

예) 자동차 153대-백쉰석대

사람 153명-백쉰세명, 백오십삼명

종이 153장-백쉰석장

관광지 153개소-백쉰세 군데, 백오십삼개소

집 153채-백쉰세채

아파트 153채-백쉰세가구, 백오십삼가구

ⓗ 시각의 표현

13시 → 오후 1시　　낮 12시 → 정오　　밤 12시 → 자정

- 연: 지난해, 올해, 내년으로 쓴다.

그 외는 '지난 2002년' (×) → '2002년'

'오는 2013년' (×) → '2013년'

- 월: 지난달, 이달, 다음 달로 쓴다.

그 외는 지난 9월, 오는 11월로 표기한다.

- 일: 어제, 오늘, 내일, 모레로 쓴다.

그 외는 지난 9일, 오는 28일로 표기한다.

- 중요하지 않은 시각은 30분 단위로 끊어 쓴다.

1시 20분 → 1시 반쯤

2시 47분 → 3시쯤

6시 8분 → 6시쯤

- 시간대 구분

새벽: 0-6시　　아침: 6-9시　　오전: 9-12시　　낮: 12-14시

오후: 14-18시　　저녁: 18-20시　　밤: 20-24시

ⓢ 측량 단위 읽기

m: 미터　　cm: 센티미터　　km: 킬로미터　　mm: 밀리미터

g: 그램 kg: 킬로그램 mg: 밀리그램 m^2: 제곱미터

Km^2: 제곱킬로미터 ha: 헥타르 a: 아르

l: 리터 Kl: 킬로리터

t: 톤 W: 와트 Hz: 헤르츠

II

촬영과 편집 따라잡기

촬영기자의 영상취재

사진기자와 촬영기자(카메라 기자)는 같은 것처럼 보이지만 직업을 지칭해 부를 땐 다르다. 사진기자는 신문사·잡지사에서 사진을 찍는 기자를 뜻하고, 촬영기자(카메라 기자)는 방송국에서 근무하는 영상기자를 가리킨다. 카메라 감독과 카메라 기자 사이에도 차이가 있다. 카메라 감독은 제작국에서 PD·작가와 함께 드라마·교양물·다큐멘터리 분야에서 주로 촬영만 전담하고, 카메라 기자는 보도국에서 촬영은 물론 편집까지 마무리 해 뉴스로 내보내는 일을 한다. 여기서 중요한 것이 편집이다. 카메라 감독은 직접 편집하지 않고 PD나 AD가 편집하는 것이 보통이다. 카메라 기자는 직접 편집하는 경우가 대부분이다.

촬영기자가 근무하는 보도국 영상취재부 분위기는 군대와 흡사한 면이 있다. 선후배간 위계질서를 중시하고 아직도 도제식 교육(멘토·멘

티라는 용어를 사용하지만)이 남아 있다. 위계질서와 '군기'가 강한 것은 사건사고 현장 등 위험한 상황에서 일하기 때문에 긴장감을 늦추지 않도록 하기 위해서다. 고가의 장비를 다루기 때문에 장비를 분실하거나 파손하는 등의 사고를 방지하려는 의도도 깔려 있다. ENG 카메라 한 대가 5000만원 이상이고, 자주 분실하는 와이어리스 마이크만해도 300만원이 넘는다.

촬영 준비

데스크가 지시를 내리면 취재가 시작된다. 먼저 촬영기자는 취재 장소와 간략한 취재 메모를 보면서 기사를 구성해야 한다. 경험 많은 촬영기자라면 취재 메모만 봐도 감을 잡을 수 있으나 경력이 짧은 기자는 쉽지 않다. 취재에는 일정한 패턴이 있기 때문에 경험 많은 선배에게 조언을 구하는 것이 좋다.

현장으로 가는 자동차 안에서 취재기자와 머리를 맞대고 취재 내용을 의논하는 것도 빼놓을 수 없다. 취재 현장에서의 동선과 역할을 어떻게 나눌지 상의해야 한다. 이것이 제대로 되지 않으면 현장에 도착해 우왕좌왕 하게 된다. 현장으로 가는 차 안에서 취재의 50%는 끝난다.

신입 촬영기자가 흔히 하는 실수가 현장에 도착해서 인터뷰만 하러 다니다 필요한 현장 스케치를 제대로 못하는 것이다. 현장 스케치를 놓치면 일은 엉망이 된다.

生生 tip

촬영기자는 취재를 나가기 전 장비를 완벽하게 준비해야 한다. 취재 지시가 언제 떨어져도 나갈 자세가 되어 있어야 한다는 뜻이다. 하지만 많은 촬영기자는 지시를 받은 다음 장비를 챙긴다. 그것도 오디오맨에게 시키는 경우가 많다. 문제가 생기면 누구의 책임인가? 테이프나 카드를 카메라에 넣지 않거나 와이어리스용 건전지를 챙기지 않아 취재를 제대로 못하는 경우도 많다. 취재를 떠나기 전 카메라가 작동하는지 점검하고, 액세서리를 챙기는 것은 촬영기자의 기본이다.

취재 현장

교통사고 취재를 예로 들어보자. 초보 촬영기자는 사고 현장에 도착하면 무턱대고 사고 모습만 찍게 마련이다. 그러나 눈앞에 보이는 대로 찍다보면 목격자를 인터뷰 할 타이밍도 잡지 못하고, 중요한 장면도 놓친다. 경험 많은 촬영기자라면 현장에 가서 당장 촬영을 하기보다는 잠시 관찰한다. 무엇이 중요한지, 상황이 어떤지를 파악하는 것이다.

교통사고의 경우 객관적인 위치에서 취재하는 것이 중요하다. 사고 원인을 놓고 당사자끼리 시시비비를 가리는 수가 많아 촬영기자의 주관이 들어가면 나중에 문제가 될 수 있다. 스키드 마크를 보면 전체의 상황을 파악할 수 있다.

사고 자동차의 내부를 확인하는 것도 중요하다. 에어백이 터졌는지, 안전벨트는 매고 있었는지 등을 촬영해야 한다. 낭떠러지에서 자동차가 굴렀다면 안전벨트를 맸는지 여부에 따라 생사가 갈릴 수 있다. 역동성 있는 사고 화면을 찍고도 사고의 원인을 제대로 확인하지 않는다면 그 리포트는 수준 미달이 된다. 요즘은 현장에 도착해 맨 먼저 블랙박스와 CCTV를 챙기는 것이 순서다. 아무리 잘 찍어도 블랙박스 화면보다 리얼한 것은 없다.

生生 tip

화재 현장에서는 시야가 잘 확보되는 곳을 찾아야 한다. 부감처럼 종합적으로 촬영할 수 있는 곳이라면 풀 샷부터 클로즈업 샷까지 촬영할 수 있고 전체적인 상황을 판단할 수 있다.

2008년 숭례문 화재 당시 많은 촬영기자가 현장에서 취재했는데 SBS 촬영기자만 현판이 떨어지는 것을 촬영해 특종상을 받았다. 이 기자는 어떻게 결정적인 장면을 찍을 수 있었을까? 화재 현장을 파악하고 무엇이 중요한지를 고민했기 때문이다. 다른 기자들이 불타는 현장에 매달려 뷰파인더 안만 보는 사이에 그 기자는 뷰파인더 밖에까지 눈을 돌렸던 것이다.

방송 카메라 및 주변기기의 이해

물체가 보이는 원리

영상의 시작은 사진이다. 한 장의 사진을 여러 장으로 만들어 연속동작으로 움직이게 해 눈이 자연스럽게 받아들이는 것이다. 우리가 일상적으로 보는 TV는 초당 30프레임(정확히는 29.97프레임)의 사진이 연속으로 만드는 영상이고, 영화는 초당 24프레임의 사진이 연속으로 돌아간다.

사람이 색을 느끼는 것은 물체의 표면에 반사된 빛을 눈의 시신경이 인식하기 때문이다. 빛의 형태와 특성에 따라 같은 물체의 색도 달리 보인다. 이렇게 인간이 의미를 부여한 것이 색 온도다. 색 온도란 간단히 말해 빛의 색을 뜻하며, 캘빈(Kelvin)을 단위로 사용한다. 수치가 높을수록 푸른빛을, 낮을수록 붉은 빛을 나타낸다.

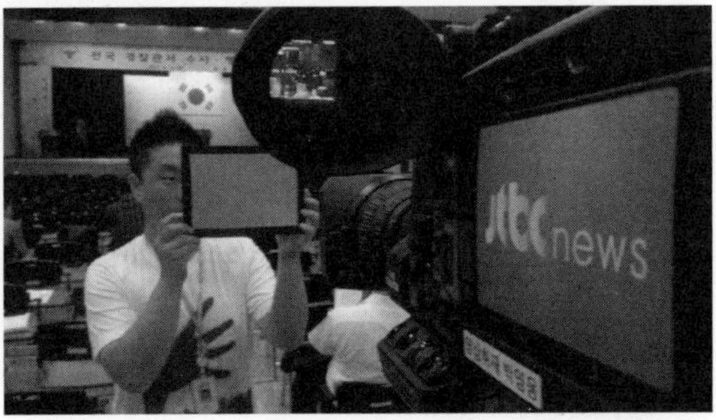

그레이 카드로 화이트 밸런스를 맞추는 모습

여기서 중요한 것이 AWB(Auto White Balance)다. 빛의 색 온도에 맞춰 카메라의 색을 조정하는 기능이다. 18% 그레이 카드 기준으로 맞추는 것이 원칙이지만 여의치 않으면 흰 종이를 이용해 맞춘다. AWB는 어떤 빛의 환경에서도 카메라의 흰색이 자연의 흰색이 되도록 조정한다.

색 온도를 잘 이용하면 인공 조명광을 변화시켜 새벽이나 석양의 분위기를 자연광처럼 재현해 드라마틱한 분위기를 표현할 수 있다. 하지만 자연스러운 화면 색상이 생명인 보도국의 영상취재에서는 특별한 경우를 제외하고는 임의로 AWB를 변화시키지 않는다.

요즘 사용하는 카메라에는 모니터가 장착돼 있어 색 온도가 틀어지는 일이 거의 없다. 하지만 예전 수습 촬영기자들은 화이트 밸런스를 제대로 맞추지 못해 고생했다. 취재원이 실내에서 갑자기 밖으로 나가거나 반대로 밖에서 실내로 들어오면 촬영기자는 당황한 나머지 화이트 밸런스를 놓치게 된다.

이렇게 급한 경우에 대비해 ENG 카메라에는 화이트 밸런스를 미리 세팅할 수 있도록 A, B, PRST의 화이트 메모리 스위치가 있다. A는 범용 실외 수치 5,600~6,000 초반에 세팅하고, B는 텅스텐으로 미리 화이트를 세팅해 놓고 취재원을 기다리면 색 온도 상황이 갑자기 바뀌더라도 A, B로 빠르게 바꿀 수 있어 실수를 줄일 수 있다.

ENG 카메라의 발전

카메라 SONY BVP 300

녹화기 RCA-TK76

ENG 카메라가 나오기 이전에 촬영기자는 영화 카메라와 유사한 필름 카메라를 들고 취재했다. 이 카메라는 필름을 현상하는 데 시간이 많이 들고, 휴대하기가 쉽지 않아 속보(速報)를 다루는 뉴스 취재에 사용하기에 어려움이 많았다.

필름 카메라 이후 출시된 초기 ENG 카메라는 사진에서 보는 것처럼 카메라 본체와 녹화기가 분리돼 있어 현장 취재를 나갈 때는 녹화기를 담당하는 보조 인력이 필요했다. 필름 카메라에 비해 취재하는 데 시간이 덜 들어 속보를 전달할 때 편리하지만 바디 자체의 무게가 상당했다. 이 때문에 촬영기자는 카메라 아래에 수건을 덧대 다녔고 별도의

최초의 일체형 카메라
SONY BVP 3A

레코더에 라인을 연결해 이동하느라 신속성에도 문제가 있었다.

이런 분리형 카메라의 불편함을 보완해 등장한 것이 일체형 카메라다. 녹화기가 합쳐져 기동성이 좋아졌고 급할 때는 촬영기자 혼자서도 취재가 가능했다. 원 맨 시스템(one man system)의 시초라고 할 수 있다. 그러나 카메라의 무게가 여전히 10kg를 넘어 촬영기자가 오랜 시간 취재하는 데 어려움이 많았다.

그 후 여러 단계를 거치면서 카메라의 무게도 줄고 기능도 좋아졌다. 대표적인 것이 소니 BVW-400A다.

이 카메라의 등장으로 보도 부문 촬영 파트에 획기적인 변화가 생겼다. 휴대하기 쉬워 기동성이 좋아졌고 나쁜 날씨에도 잘 견뎌 내구성이 향상됐다. 초기에는 NP배터리가 빨리 소모돼 불편했으나 2000년대 초반 고용량 배터리가 나오면서 개선됐다. 이 모델은 보도 촬영 시장에서 소니 시대를 연 베스트셀러 카메라지만 아날로그 테이프 시대의 마

SONY BVW-400A

소니 DVW-700WS: 초창기 디지털 카메라

소니 DNW-90WS: 초창기 디지털 카메라 중 가장 보편적이다.

지막 카메라기도 하다.

ENG 카메라가 디지털로 전환되면서 여러 모델이 계속 나왔고 카메라의 교체 주기는 앞을 내다볼 수 없을 정도로 짧아졌다. 저장 방식도 아날로그 테이프에서 블루레이 디스크, 파일 등 디지털 방식으로 바뀌게 된다.

파일방식으로 저장하는 카메라는 테이프 저장 방식의 카메라보다 화질이 우수하고 크기가 작아 이동 편집기(주로 노트북)에서 사용하기

소니 PDW-F350 XDCAM

파나소닉 AJ-HPX2000

에 편리하다.

2000년대 접어들어 방송 카메라 시장에 소니 독주 시대가 막을 내리는 변화가 나타났다. 소니의 디스크 방식에 맞서 파나소닉이 메모리 카드 방식의 카메라(AJ-HPX2000)를 출시한 것이다.

소니의 메모리 카드 방식 카메라
SONY PMW-500

현재 소니 제품을 사용하는 방송사도 있고 파나소닉 제품을 사용하는 방송사도 있어 어느 회사가 주도권을 잡을지 예측하기 어렵다. 그러나 소니가 메모리 카드 방식의 카메라(PMW-500)를 시장에 내놓은 것으로 볼 때 메모리 카드 방식이 대세가 될 가능성이 높다. 그렇다고 모든 방송 카메라가 파일 방식으로 바뀌지는 않을 것이다. 다큐멘터리나 드라마, 교양물을 만들 때는 아직도 테이프 방식의 카메라를 선호한다. 화질이 좋고 분류 · 보관하는 데 장점이 있기 때문이다. 그러나 보도 영상취재에서는 화질보다 속보가 중요하기 때문에 테이프 방식보다 파일 방식을 선호한다.

디지털 테이프 방식의 카메라 SONY HDW F900와 테이프

렌즈

ENG 카메라에서 사람의 눈 역할을 하는 것이 렌즈다. 조도와 화각이 사람의 눈과 10배 차이가 나지만 인간이 만든 과학기기 중에 눈에 가장 근접해 있다.

① 박스형 렌즈와 핸디 렌즈

박스형 렌즈

핸디 렌즈

박스형 렌즈	핸디 렌즈
- 대형 바디로 광각·고배율이 가능하다. - 구경비를 작게(밝게) 구성할 수 있다. - 스포츠 중계에 많이 사용한다. - 크기에 제한이 있어, 줌 배율에 어려움이 있다.	- 가벼워 갖고 다니기 쉽다. - 뉴스·드라마·다큐멘터리에 주로 사용한다. - 크기의 제한으로 줌 배율에 어려움이 있다.

② 줌렌즈

줌렌즈는 포커스를 유지한 채 줌을 조절할 수 있는 렌즈다. 줌은 '급상승'이라는 의미로 전투기가 급상승할 때와 같은 박력 있는 영상을 얻을 수 있다는 데서 유래했다. 줌 배율은 망원에서 광각 끝까지 초점 거리의 비율을 말한다.

광각렌즈는 넓은 범위를 촬영할 수 있고, 심도가 깊어 원근감을 뚜렷하게 표현할 수 있다. 건물 외경이나 풍경, 좁은 공간에서 전체를 보여줄 때 사용한다. 반면 망원렌즈는 찍는 범위가 좁아지며, 먼 곳의 피사체를 가까이에서 볼 때 사용한다. 심도가 얕아 피사체를 강조하는 효과가 있다. 다큐멘터리에서 멀리 날고 있는 새를 촬영하거나, 먼 곳에 있는 동물을 기자가 숨어서 찍을 때 주로 사용한다. 뉴스에서는 예를 들어 백령도에서 북한 지역을 촬영할 때, 사건 현장을 몰래 취재할 때 많이 사용한다.

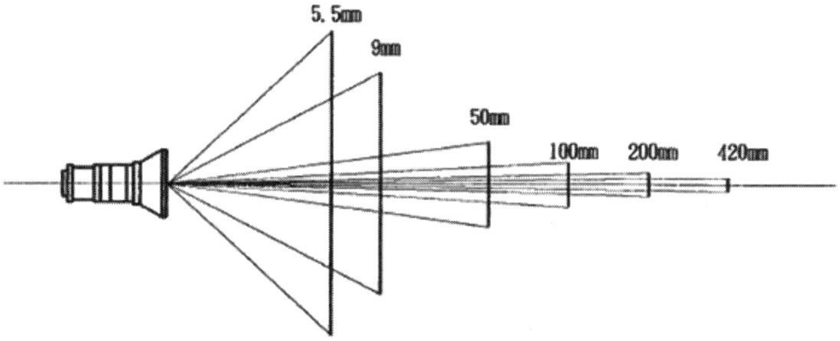

렌즈의 수평 화각 변화

광각렌즈 화각

50mm 표준 화각

1000mm 망원 화각

렌즈의 조리개는 F로 나타내며 뒤에 2.8, 4, 5.6, 8 등의 숫자로 빛 조절 양을 표현한다. 조리개 수치는 심도와 관계있다. 수치가 낮으면 심도가 얇아져 초점거리가 짧아지고, 수치가 높으면 초점거리가 길어진다. 이것은 스틸 사진도 마찬가지다.

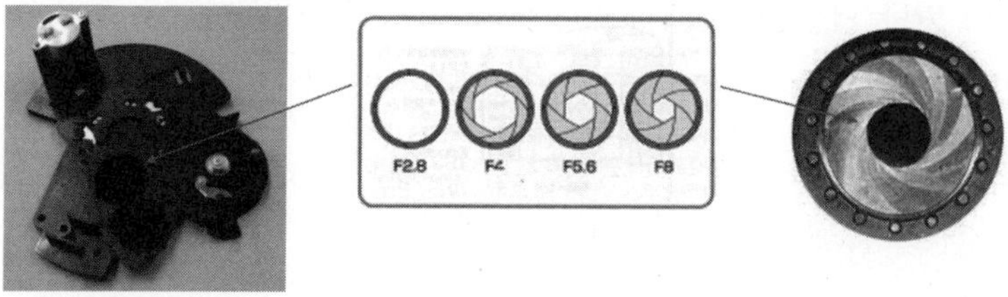

조리개와 F넘버 값 관계

③ 심도

심도(depth)는 포커스의 깊이다. 심도가 깊다는 것은 포커스가 먼 곳에서부터 가까운 곳까지 다 맞춰져 있다는 뜻이다. 반면 심도가 얕으면 피사체만 포커스가 맞고 먼 곳과 가까운 곳은 포커스가 맞춰져 있지 않다.

심도가 얕은 사진

심도가 깊은 사진

위의 사진을 보면 심도가 얕다는 뜻을 이해할 수 있다. 앞의 사진은 뒷사람과 앞사람의 초점거리가 짧기 때문에 앞사람의 얼굴을 알아보기 어렵다. 그러나 뒤의 사진은 초점거리가 길기 때문에 앞사람의 얼굴을 구별할 수 있다.

生生 tip

예전에 방송 ENG 카메라는 셔터 스피드를 올려 찍는 경우를 제외하고는 심도가 중요하지 않았다. 하지만 동영상 촬영이 가능한 디지털 스틸 카메라가 등장하면서 화면이 '예쁘고 특이하게' 나온다는 이유로 심도가 얕은 영상이 유행하고 있다.

방송에서 많이 사용하는 DSLR 카메라는 캐논 5D Mark 시리즈다. 기존 ENG 카메라에 비해 렌즈 군이 다양해 광각에서 망원까지 표현할 수 있는 폭이 넓고 색감이 특이한 것이 장점이다. ENG 카메라의 차가운 분위기를 따뜻한 분위기로 바꿀 수 있다. '오두막'이라는 애칭을 갖고 있다.

바디(Body)

바디는 렌즈를 통해 들어오는 빛을 CCD라는 촬상관을 통해 전기신호로 바꾸고 그 전기신호를 녹화(recording)한다.

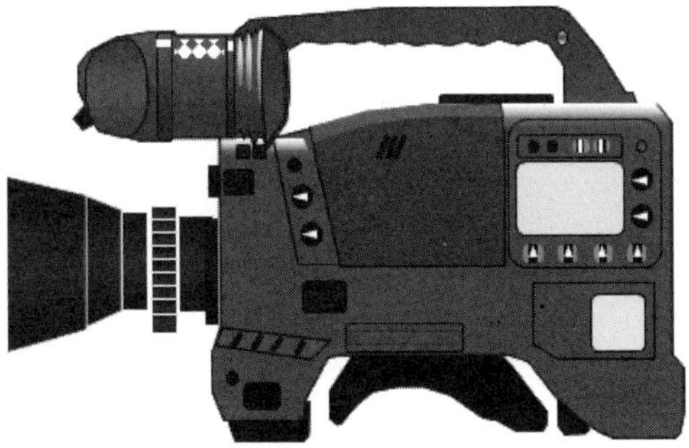

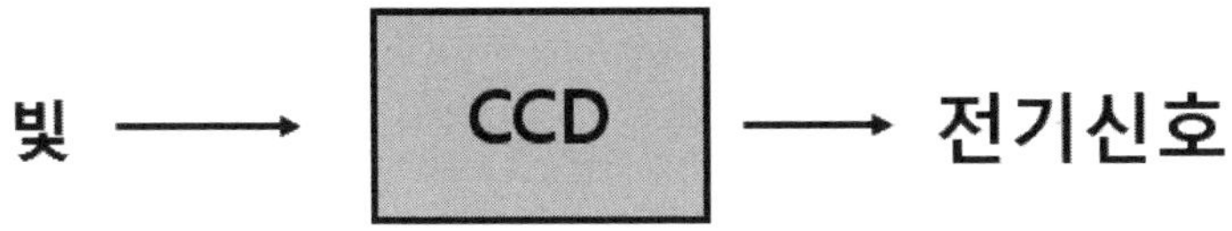

전하결합소자인 CCD(Charge Coupled Device)는 들어오는 빛을 전기적인 신호로 바꿔주는 역할을 한다. 그리고 전기적인 신호에 의해 발생된 전하를 일시적 기억상태로 갖고 있다 다른 신호가 오면 방출하고, 다음 신호를 충전하기 위해 대비한다.

예전에는 광신호를 전기신호로 변환하는 부분에 텔레비전 브라운관과 반대작용을 하는 촬상관을 사용했으나 수명이 짧아 소형화·양산화에 적합하지 않았다. 이 때문에 촬상관을 대신하는 고체촬상소자(촬상판)가 개발됐다.

CCD는 빛의 3원색인 빨강(R), 초록(G), 파랑(B) 필터를 이용해 색을 재현한다. 1CCD가 하나의 판에 R, G, B를 재현하는 것이라면 3CCD는 R, G, B를 각각의 판에 재현하기 때문에 화질이 좋고 색상이 실제와 가깝다. 요즘 방송에서는 3CCD가 들어간 카메라를 사용한다.

또한 분리형 레코더가 일체형으로 바뀌면서 촬영기자의 행동반경이 넓어졌다. 카메라가 가벼워지면서 현장에서 쉽게 움직일 수 있고, 테이프를 쉽게 교체할 수 있는 이점이 있다.

① 마그네틱 방식(아날로그 테이프 방식)

광학 이미지가 CCD에 의해 전기 신호로 바뀌어 자성(磁性)을 가진 기록 장치로 옮겨진다. 비디오카메라의 기록 방식이다.

초창기에는 TV 녹화를 위해 2인치 테이프를 사용했으나 1인치 테이프로 대체됐다. 유메틱(U-matic)으로 불리는 3/4인치 테이프는 최대 60분까지 녹화할 수 있는데 1969년 소니·마쓰시타·빅터 3사가 규격을 통일했다. 뉴스, 기록영화, 비디오 촬영에 많이 쓰였다. 이어 소니의 1/2

인치 베타 캠과 그것의 성능을 향상시킨 베타 캠 SP 3/4인치 방식이 나와 표준이 됐다.

마그네틱 테이프의 발전은 편집 시스템에 획기적인 변화를 가져와 잘라 붙이기 같은 필름의 불편한 편집 방식을 개선했다. RM(Remote Control)으로 두 편집기를 연결해 특수효과를 편리하게 사용할 수 있도록 했고, 공간의 효율성도 높였다.

② 디지털 저장방식

뉴스 보도처럼 속도와 현장성을 중요시 할 때는 메모리 카드 방식이나 블루레이 디스크 타입의 디지털 저장방식을 선호한다. 하지만 디지털로 전환됐다고 해서 테이프가 완전히 사라진 것은 아니다. 드라마나 다큐멘터리에서는 고화질의 영상과 분류·보관의 편리를 위해 HD 디지털 베타 테이프를 사용한다.

ㄱ) 블루레이 디스크 방식

블루레이 디스크 방식 XD CAM

블루레이 디스크

소니가 개발한 것으로 기존의 테이프를 디스크로 바꿔 부피를 줄였다. 카메라에 LCD창이 부착돼 촬영기자들의 주목을 받았다. 국내에서는 KBS가 처음 들여왔다.

ㄴ) P2 메모리 카드 방식

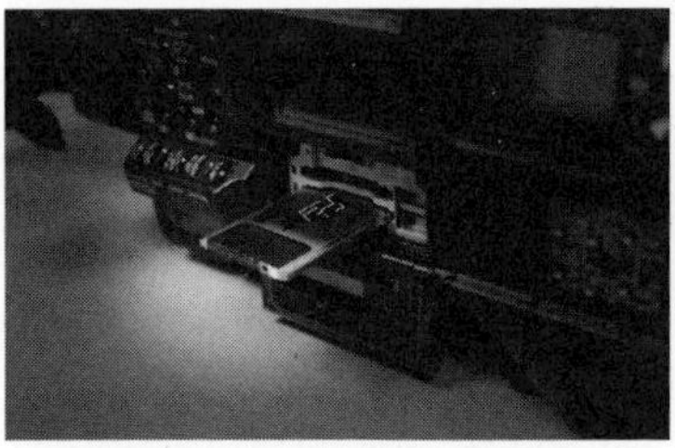

P2 카드 방식의 카메라 HPX3100G

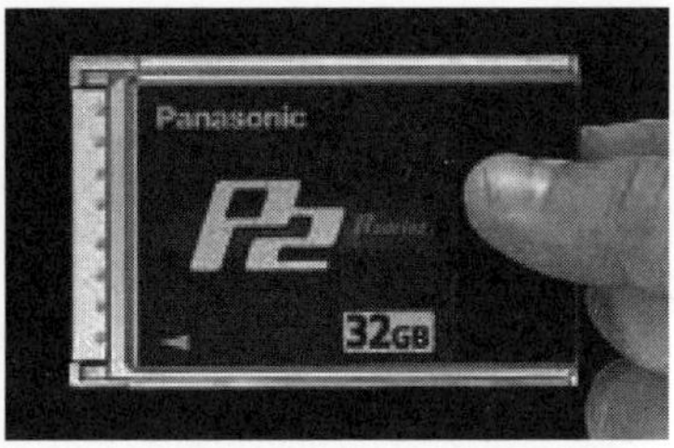

P2 카드

파나소닉 방식으로 소니의 블루레이 디스크보다 부피를 더 줄였다. 초창기에는 카드의 메모리 용량에 한계가 있고, 다른 ENG 카메라 기종에 비해 무거워 불편했으나 신제품이 나오면서 많이 개선됐다. MBC와 YTN이 들여오면서 소니가 독점하다시피 한 우리나라 방송장비 시장에 변화를 몰고왔다.

ㄷ) S·S 메모리 카드 방식

소니가 내놓은 메모리 카드 방식이다. P2 카드보다 작아 휴대하기 좋지만 MPEG2 코덱을 사용해 화질이 다소 떨어진다(P2 intra 50과 같은 용량).

S·S 방식의 카메라 : PMW 500

S·S 메모리 카드

오디오(Audio)

ENG(Electronic News Gathering) 카메라에는 gathering이란 단어가 들어 있다. 영상은 물론 오디오도 중요하게 수집해야 한다는 의미가 포함돼 있다. 강렬한 오디오만으로 뉴스를 제작하는 경우도 있기 때문에 오디오를 결코 가볍게 다룰 수 없다.

마이크(Microphone)는 오디오를 받아들이는 지향 특성에 따라 네 가지로 분류할 수 있다. 먼저 무지향 마이크는 마이크를 향한 음원(音源)뿐 아니라 주변의 음까지 받아들인다. 이에 비해 단일 지향성 마이크는 마이크의 머리 부분 감도가 높지만 뒷부분의 감도는 낮다. 초단일 지향성 마이크는 마이크의 머리 부분 감도가 아주 높고 다른 부분의 감도는 낮다. 마지막으로 쌍방향성 마이크는 마이크의 머리와 뒷부분의 감도는 아주 강한 반면 옆면은 감도가 없다.

마이크의 구조에 따라 다음과 같이 분류할 수도 있다. 첫째, 다이나믹형 마이크는 전지가 필요 없이 자계중 코일이 움직여 전자를 발생시켜 전기로 바꾸는 방식이다. 구조가 간단하고 온도·습도에 강한 것이 특징이다. 둘째, 콘덴서형 마이크는 얇은 진동 막에 걸린 음압을 전기 신호로 바꾸는 방식이다. 믹서에 팬텀 파워를 사용해 고음질의 음원을 얻을 수 있지만 비싸다. 셋째, 일렉트로닉 콘덴서형은 전자적인 현상을 진동 막에 응용한 콘덴서형 마이크다. 넷째, 평행-불평행 마이크로 전문가형 마이크에는 평행형을 주로 쓰고, 아마추어형 마이크에는 불평행형을 많이 쓴다.

취재 현장에서 주로 사용하는 마이크로는 아래와 같은 것들이 있다.

① 핸드 마이크(Hand mic)

가장 일반적인 마이크로 손으로 잡고 사용한다. 인터뷰를 할 때나 기자가 스탠드업을 할 때 사용한다. 영상취재의 주마이크로, 음원을 안정적으로 얻을 수 있다는 것이 장점이다.

핸드 마이크를 사용해 인터뷰 하는 장면

핸드 마이크

② 핀 마이크(Pin mic)

실내에서 인터뷰 할 때 주로 사용한다. 와이어리스 마이크의 간편함과 핸드 마이크 라인의 안정성을 동시에 갖고 있다. 하지만 상황이 급박하거나 잡음이 많은 야외에서는 불편하고 이동성이 떨어진다.

③ 와이어리스 마이크(Wireless mic)

라인을 사용하지 않고 전파로 신호를 보내는 방식이다. FM 주파수를 사용하고 송신기와 수신기가 한 조로 구성돼 있다. 보도 현장에서 핸드 마이크만큼 많이 사용한다.

먼 거리에서 스탠드업을 하거나 몰래 인터뷰를 할 때 유용하다. 예를 들어 가뭄으로 물이 말라버린 호수에서 기자를 멀리 세워 놓고 멘트 후 줌 아웃 하면 기자의 모습과 말라버린 호수를 동시에 보여줘 가뭄의 심각성을 화면으로 표현할 수 있다.

와이어리스 마이크 송신기

와이어리스 마이크 수신기

生生 tip

와이어리스 마이크와 관련해 자주 생기는 사고는 '분실'이다. 기자회견이 끝난 뒤 송신기를 놓고 오는 경우가 많다. 신입 촬영기자가 주로 실수하는데 가격이 360만원이나 하기 때문에 분실하면 경위서를 쓰고 한동안 죄인처럼 숨죽여 지내야만 한다. 취재기자가 잘못하는 경우도 있다. 녹취하기 위해 송신기를 잡는 것은 주로 취재기자이기 때문이다. 취재기자, 촬영기자 두 사람 모두 신입기자일 경우 와이어리스 마이크를 파손하거나 분실하지 않을까 선배기자들이 오히려 긴장한다.

갓 입사한 취재기자가 와이어리스 마이크로 녹음할 때는 조심해야 한다. 카메라를 켜야 수신기가 작동해 녹음이 되는데, 카메라를 켜지도 않은 상태에서 송신기를 녹음기인줄 알고 취재기자 혼자서 녹음을 해오는 실수를 할 때가 종종 있다.

어떤 마이크를 사용하더라도 촬영기자는 오디오를 수집하는데 신경 써야 한다. 카메라에 스피커가 있긴 하지만 이어폰이나 헤드폰으로 현장에서 오디오를 꼭 확인해야 한다. 오디오 사고는 의외로 연차가 높은 기자에게서 많이 발생하곤 한다. 당연히 수집됐을 것으로 생각하고 현장 확인 없이 복귀한 후 오디오가 픽업되지 않아 낭패를 보는 것이다.

④ 붐 마이크(Boom mic)

와이어리스 마이크의 장점인 원거리 수집과 핸드 마이크의 장점인 안정성을 동시에 갖추고 있다. 초지향성 마이크로 원거리에서도 안정적으로 오디오를 수집할 수 있다. 외국의 방송사들은 중요한 현장에서 불안정한 와이어리스 마이크 대신 붐 마이크를 주로 사용한다. 국내 언론사도 검찰·청와대 등의 출입처에서 사용한다.

붐 마이크를 이용해 취재하는 모습

커버를 벗겨낸 붐 마이크

⑤ 이펙트 마이크(Effect mic)

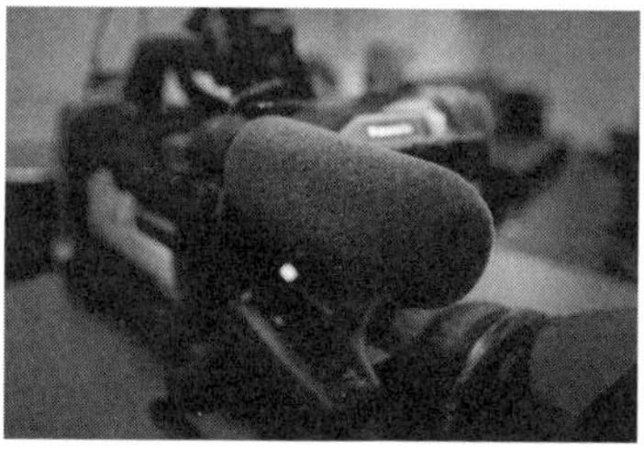

앞에서 설명한 마이크는 모두 주오디오(ch1)를 수집하기 위한 것이고, 현장음(ch2)을 수집하기 위한 마이크는 별도로 카메라 앞 부분에 부착돼 있다. 급할 때는 현장음도 주오디오로 사용할 수 있기 때문에 신경써야 한다.

조명

보도국에서는 수시로 취재를 나가야 하는데다 상황이 급변하는 사건사고를 주로 촬영하기 때문에 조명을 세팅할 시간도 부족하고, 스탠드

조명 같은 무거운 기기를 사용하는 것도 쉽지 않다. 그래서 카메라에 부착된 조명이나 오디오맨이 취재현장에서 보조하는 벨트형 조명을 사용한다. 하지만 예외적으로 정치인 등 유명인을 실내에서 인터뷰하거나 대담할 때는 스탠드 조명을 동원하기도 한다.

현장 취재를 할 때는 조명의 일관성을 유지하기 어렵다. 타 방송사가 비추는 조명을 역광으로 촬영하는 경우도 있고, 실내에서 갑자기 실외로 나가거나 그 반대로 움직이면서 취재하는 수도 많다. 따라서 촬영기자는 조리개를 수동으로 조절하는 기술을 익혀 화면의 급작스런 조도 변화에 대비해야 한다.

生生 tip

검찰청에서 취재할 때 조리개를 자유자재로 다루지 못하면 취재를 감당하기 힘들다. 검찰에 소환돼 오는 사람이나 조사받은 뒤 구속되는 사람, 법원에서 영장 실질심사를 받기 위해 오가는 사람들은 대체로 취재에 협조하지 않는다. 대기업 총수나 거물 정치인이 아니면 포토라인을 지키는 경우가 드물다. 그런 취재원을 놓고 많은 취재진과 경쟁하면서 촬영할 때는 왼손으로 조리개를 조작해 조도를 맞추고, 포커스 링으로는 거리를 맞춘다. 여기에 줌도 수동으로 조작해야 한다. 검찰 촬영기자로 베테랑이 되면 왼손 하나로 카메라 렌즈를 수동 조작할 수 있는 경지에 이른다.

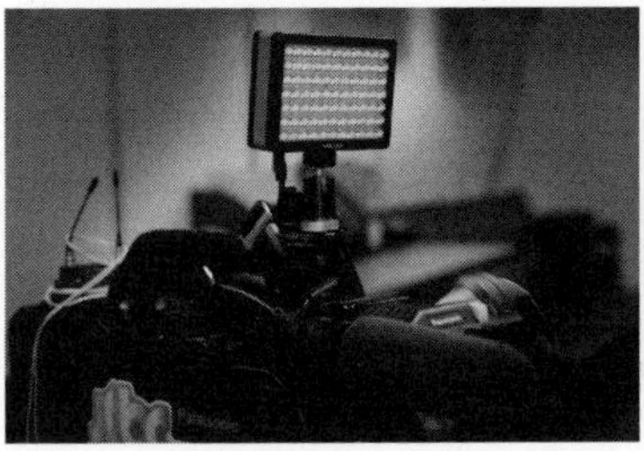

부착형 조명 Matrix ml-7

벨트형 조명 cine 60

리포트 구성을 위한 화면 사이즈

화면 사이즈에는 정답이 없다. 뉴스·영화·드라마·뮤직비디오 등 각각의 특징에 따라 화면을 안정적으로 또는 파격적으로 구성할 수 있다.

신뢰성을 중요시 하는 뉴스는 화면을 안정적으로 구성하기 위한 약속된 사이즈가 있다. 일반적으로 알고 있는 풀 샷(full shot), 미디엄 샷(medium shot), 클로즈업 샷(close up shot), 익스트림 클로즈업 샷(extreme close up)과 그 외 뉴스만의 독특한 스탠드업, 인터뷰를 위한 사이즈가 있다.

① 풀 샷(full shot)

피사체 전체가 나오는 것이 풀 샷이다. 사람이나 사물의 전체를 보여주기 때문에 화면만 봐도 전체 상황을 판단할 수 있다. 촬영기자의 의도가 가장 적게 들어가기 때문에 객관적이라고 할 수 있다.

뉴스 리포트 구성에서 중요한 풀 샷은 부감(높은 곳에서 현장을 찍은 화면)이다. 집회나 사건사고 리포트에서 첫 화면으로 많이 사용한다. 참가 인원과 장소를 한 컷에 나타낼 수 있어 현장에서 취재할 때 반드시 찍어야 한다.

부감 화면 : 서울시 전경

부감 화면 : 집회 전경

② **미디엄 샷(medium shot)**

촬영 대상의 중간 부분을 찍은 화면이다. 가슴 높이로 찍는 바스트 샷(bust shot), 허리 높이로 찍는 웨이스트 샷(waist shot), 무릎 높이로 찍는 니 샷(knee shot) 등으로 나눈다.

뉴스에서는 인터뷰나 스탠드업을 주로 미디엄 샷으로 촬영하지만 구속받을 필요는 없다. 일반적인 뉴스나 정치 리포트에서는 스탠드업이나 인터뷰 사이즈가 규격화 되어 있어 안정감과 신뢰감을 준다. 하지만 문화 리포트나 트랜디한 사회 아이템의 경우 인터뷰와 스탠드업은 규격화된 사이즈에서 벗어나도 좋다. 타사의 뉴스와 차별화 하면서 시청자에게 신선함을 줄 수 있다.

인터뷰 사이즈는 상황과 인터뷰 대상자의 수에 따라 달라지지만 기본은 바스트 샷이다.

여러 가지 인터뷰 상황 중 촬영기자가 어려워하는 것 중의 하나가 거리 인터뷰다. 서울 명동이나 신촌 같은 도심에서 인터뷰 하면 사용할 만한 것은 10개 중 한두 개에 불과하다. 우선 섭외하기가 힘들고 섭외가 됐다 하더라도 적절한 멘트를 녹음하기가 쉽지 않다. 더운 여름이나

1명 인터뷰 사이즈

단체 인터뷰 사이즈

추운 겨울 오랜 시간 거리에 서 있는 것도 고역이다.

실내 인터뷰도 만만하게 볼 수 없다. 실내에서 인터뷰를 하는 경우는 대부분 인지도가 높은 명사나 전문가이기 때문에 조명을 세밀하게 세팅해야 한다. 바쁜 사람들이어서 촬영기회를 다시 잡기 어렵기 때문에 촬영·조명·오디오 모두 각별히 신경 써야 한다.

生生 tip

초보 촬영기자가 휴일 스케치를 나가 인터뷰를 하다 당황할 때가 있다. 바로 가족 인터뷰다. 한 컷에 아빠, 엄마에 아이들까지 모두 넣어 인터뷰를 해야 하는데 그 사이즈가 애매해진다. 이뿐 아니다. 아빠나 엄마가 인터뷰 하고 있는 동안 아기가 마이크를 계속 만지작거리면 그 소리가 같이 들어가 NG가 난다. 엄마가 인터뷰 하는 동안 수줍어하는 아빠가 계속 화면 밖으로 나가려고 하면 촬영기자 등에 땀이 흐른다. 이럴 때는 과감하게 아이를 안은 엄마만 인터뷰 하던가 아니면 화면을 넓게 잡아 가족이 모두 나오게 촬영하는 것이 방법이다.

스탠드업의 경우는 특별히 사이즈가 정해진 것은 아니지만 웨이스트 샷이 기본이다. 이를 기준으로 뉴스의 성격에 따라 사이즈를 바꾸면 된다.

국회나 검찰 같은 출입처에서 리포트 하거나 진지하게 상황을 다뤄

야 할 때는 그림과 같은 스탠드업이 일반적이다. 그러나 뉴스의 변화를 강조하는 요즘에는 스탠드업이 중요한 차별화 요소로 꼽힌다. 기자의 움직임만으로 차별화하기 어려울 때는 지미 짚이나 스테디 캠 같은 특수 장비를 사용해 촬영하기도 한다.

송출

송출은 촬영기자가 전문적으로 다루어야 하는 일은 아니지만 스포츠 중계나 사건사고, 대규모 국제회의 등의 현장에서는 스스로 판단해 화면을 보내야 하기 때문에 촬영기자가 어느 정도 숙지하고 있어야 한다.

과거에는 중계차를 이용해 송출하는 것이 대부분이었으나 2004년 아테네 올림픽을 계기로 인터넷 송출이 시도됐고, 통신망과 기기가 발전하면서 현재는 무선 통신망을 이용한 MNG(Mobile News Gathering)를 이용한 송출로 바뀌었다.

① 중계차 송출

차량에서 방송장비를 이용해 방송국에 화면을 보내는 것을 중계차 송출이라고 한다. 우선, 현장 중계차에서 마이크로웨이브(Microwave)라는 광대역 특정 주파수를 이용해 송출하는 방법이 있다. 위성 송출에 비해 비용이 싸고 안정적이라는 장점이 있다. 높은 산이나 큰 빌딩이 가로막고 있으면 송출이 제대로 되지 않는 단점이 있다. 지방에서 서울로 송출하는 경우에는 중계차와 중계차를 연결하거나 송신소와 송신소를 경유하는 방법을 쓴다.

또 다른 방법은 위성(Satellite news gathering) 송출이다. SNG는 중계차 뒤에 큰 안테나를 단 차량형과 갖고 다닐 수 있는 휴대형으로 나뉜다. 삼풍백화점 붕괴 사고와 성수대교 붕괴 사고 때 YTN은 차량형을 이용해 24시간 생중계했다. 이라크 전에서 미국 CNN은 휴대형으로 송출했다.

SNG 송출은 전파를 지상 3만 6,000㎞의 적도 상공에 정지해 있는 방송위성을 통해 키 스테이션 통제센터의 대형 안테나에 보내기 때문에 어떤 불리한 지역에서도 선명한 영상을 송출할 수 있다. 안테나와 발전 장비 등을 합쳐도 소형차나 여객기·헬리콥터로 옮길 수 있다. 현재 사용되는 주파수 영역 중 가장 높은 14~16GHz를 사용한다. 비용이 많이 들어 중소 방송국은 사용하기 어려운 단점이 있다.

중계차 준비 모습

SNG 중계차

② **인터넷 송출**

인터넷 송출을 하기 전에는 해외 취재를 가면 촬영팀 이외에 여행 가방보다 큰 편집기를 든 편집팀이 동행했다. 출장지가 열악한 경우에는 편집 도중에 정전이 되는 일이 다반사였다. 비선형 편집(NLE)의 개발과 인터넷 송출로 이런 불편이 사라졌다. 대형 방송국과 중소 방송국의 간격도 좁혀졌다.

초창기 편집 프로그램인 어도비 프리미어는 대학생이나 영상을 처음 배우는 사람들이 사용하던 것이었다. 그러다 2004년 아테네 올림픽에서 모 방송국이 편집 프로그램으로 사용하고 송출도 불편하나마 인터넷으로 했다. 이렇게 편집한 파일을 압축해 몇 백 메가바이트로 바꿔 리포트 하나 보내는 데 7~8시간이 걸렸다. 송출 중간에 끊어지기라도 하면 다시 처음부터 보내야 하기 때문에 촬영기자는 낮에는 일하고 밤에는 편집해 송출하느라 잠을 못자는 경우가 많았다.

요즘은 통신망이 발달해 국내 어디에서든 빠른 속도로 송출할 수 있다. 1분 30초 리포트(1.2~1.5 기가바이트 분량)를 편집해 보내는 데 5분 안팎이면 가능하다. 해외 출장을 가도 편집기자가 동행할 필요 없이 촬영

촬영 후 바로 편집해서 송출하는 모습

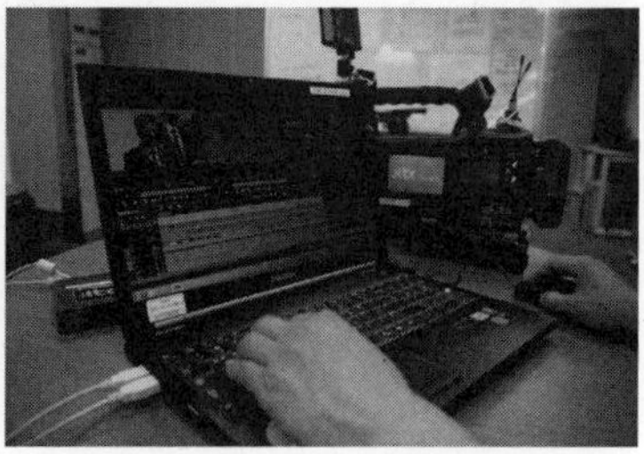

노트북으로 현장에서 바로 편집하는 모습

기자가 현장에서 노트북으로 한국에 바로 송출할 수 있다.

③ MNG(Mobile news gathering) 송출

무선 통신망을 이용한 송출 방식으로 최근에 부각되고 있다. 그러나 3G, LTE 등 통신망이 아직 전국적으로 완벽하지 않기 때문에 잘 연결되지 않는 곳이 많다. 특히 사람이 많은 곳이나 통신망이 장애를 받는 곳은 서울이라도 송출과 현장 중계가 어렵다. 이런 단점에도 불구하고 MNG는 휴대하기 쉽고 크기도 지금의 배낭 크기에서 곧 손바닥만한 크기로 바뀌고, ENG 카메라에 내장될 날도 멀지 않아 보여 널리 사용될 것으로 보인다.

폴 베호건 감독이 1997년에 만든 〈스타쉽 트루퍼스〉라는 영화에는 촬영기자가 외계 행성에서 곤충과 사투를 벌이는 화면을 어깨에 장착된 카메라를 이용해 생생하게 지구로 중계하는 장면이 나온다. 허무맹랑해 보이지만 영화적 상상력이 현실이 될 날도 멀지 않았다.

MNG로 생중계 하는 모습

중계차에서 MNG 생중계 준비하는 모습

生生 tip

과거 전쟁터나 남극 · 북극 등 취재가 힘든 곳에서 AP · 로이터 등 송출 회사를 이용해 송출할 때 시간은 곧 돈이었다. 시간을 예약해 놓고 송출하는 경우 본국의 방송사와 위성으로 연결하는 데 들어가는 시간이 많았다. 현장에서 오디오 편집을 할 수 없기 때문에 기자 오디오, 인터뷰를 보내고 나면 꼭 필요한 현장 화면을 보내지 못하는 경우도 많았다.

이런 상황에서 등장한 것이 휴대용 SP편집기로 비선형 편집(Non-linear editing)의 기반이 됐다. 이라크 · 아프카니스탄 등의 전쟁터에서도 포터블 편집을 할 수 있게 됨으로써 송출에 따르는 수고와 비용이 많이 줄었다.

영상편집의 실제

영상편집이란?

뉴스 아이템을 영상취재 한 뒤 편집 프로그램이나 편집기를 이용해 완성하는 과정이 편집이다. 편집이 끝나면 송출해 방송한다. 흔히 편칠촬삼이라고 한다. 편집이 7, 촬영이 3의 비중을 차지한다는 뜻이다. 뉴스의 완성도를 높이는 데 있어 그만큼 편집이 중요하다.

편집은 쉽고도 어려운 일이다. 화면을 앞뒤로 이어 붙이고 디졸브, 오버랩 등의 효과를 넣는 것을 편집으로 이해하면 간단한 작업이다. 그러나 이것은 부분에 불과하다. 이런 편집 기술을 사용해 논리적으로 연결해 완결성을 갖도록 제작해야 한다. 뉴스 아이템은 1분 30초 안팎으로 짧다. 하지만 짜임새와 완성도를 높인다는 측면에서 편집은 중요하다.

드라마나 영화·다큐멘터리는 여러 단계를 거치며 많은 사람이 검증을 한다. 하지만 뉴스는 편집자가 마지막 단계에서 작업을 하기 때문에 스스로 그 중요성을 인식해야 한다. 모자이크를 잘못 하거나 미처 확인 못한 화면이 방송에 나가면 소송에 휘말릴 수도 있다.

영상 편집의 종류는 세 가지가 있다.

필름 편집

촬영한 필름을 스플라이서라는 기구와 접착제를 사용해 물리적으로 잘라 붙이는 것이다. 과거 영화를 편집하던 방식이다.

선형 편집(Linear Editing)

필름에서 테이프로 저장 매체가 변화하면서 편집 방식에도 변화가 나타났다. 복사가 쉬워지면서 플레이어와 레코더를 이용한 'tape to tape' 방식으로 편집이 가능해졌다. 선형 편집은 영상이 촬영된 순서대로 일직선상에 기록되기 때문에 1:1 편집이라고도 부른다. 이 방법은 촬영된 원본을 또 다른 테이프에 복사해 잘라내거나 재배열한다. 조그 셔틀을 이용해 원본을 탐색하고 원하는 부분을 지정한 뒤 편집 본에 복사해 붙인다.

편집 본에 수정해야 할 부분을 끼워 넣고 다시 복사해야 하기 때문에 편집과 수정에 많은 시간이 필요하다. 여러 번 수정하고 효과를 많이 사용한 편집본은 화질이 떨어지는 열화(劣化)현상이 생긴다. 장면 전환 효과를 내거나 자막을 넣으려면 별도의 장비가 필요하다.

비선형 편집(Non-Linear Editing)

저장 매체가 테이프에서 디지털 메모리로 바뀌면서 영상 편집도 디지털 방식으로 바뀌었다. 비선형 편집은 시간적 순서에 상관없이 어느 위치에도 쉽게 접근할 수 있기 때문에 원하는 곳에 끼워 넣기만 하면 된다. 장점은 편집 시간을 줄일 수 있다는 것이다.

이 방식은 컴퓨터 한 대로 컷 편집뿐만 아니라 장면전환 효과나 색 보정, 자막 삽입까지 거의 모든 작업을 할 수 있다. 따라서 저렴한 비용으로 편집 시스템을 구축할 수 있고 공간적인 제약도 덜하다. 비선형 편집은 컴퓨터 한 대와 약간의 보조기기만 있으면 편집자 한 명이 자막·음악작업까지 할 수 있는 경제적인 1인 시스템이다.

선형 편집과 비선형 편집의 장단점

	장점	단점
선형 편집	• 간단한 컷 편집을 빨리 할 수 있다.	• 기계가 비싸고 많은 기기가 필요하다. • 원본을 검색하는 데 시간이 걸린다.
비선형 편집	• 촬영 원본의 영상을 쉽게 찾을 수 있다. • 편집본의 열화가 없다. • 장비가 싸다. • 1인 편집 시스템이 가능해 인력 운용이 효율적이다. • 사용자의 접근성이 좋으며 교육시간이 짧고 비용이 적게 든다. • 촬영 원본이 디지털화 되어 있기 때문에 네트워크가 연결되어 있다면 온라인 작업이 가능하다. 하나의 영상을 여러 명이 동시에 편집할 수 있다. • 다른 프로그램과 호환성이 좋아 다양한 멀티미디어 소스를 활용할 수 있다.	• 인제스트나 인코딩을 하는 데 시간이 필요하다. • 컴퓨터에 에러가 발생하면 편집본이 날아갈 수 있다.

실제 방송 뉴스에서 가장 많이 사용하는 것은 비선형 편집이다. 비선형 편집을 위한 프로그램으로는 에디우스(Edius), 아비드(Avid), 프리미어(Premiere), 베가스(Vegas), 파이널 컷 프로(Finalcut pro) 등 유료 프로그램 뿐 아니라 윈도우 무비 메이커(Window moviemaker)나 맥 운영체계(MAC OS)의 아이무비(iMovie) 등 무료 프로그램까지 종류가 다양하다. 각 프로그램마다의 특징은 아래와 같다.

① 윈도우 무비메이커(Window moviemaker)

무비메이커는 마이크로소프트 윈도우즈를 사용하면 무료로 쓸 수 있다. 간단한 인터페이스와 꼭 필요한 기능만 갖고 있어 쉽게 배울 수 있다. 처음 영상편집을 하는 사람에게 추천할 만한다. 하지만 호환성이 떨어진다는 단점을 갖고 있다. 원본을 불러오거나 결과물을 출력할 때 제한적인 포맷만 사용해야 하며 통합 코덱을 설치하더라도 오류가 생길 수 있다. 기능이 단순하기 때문에 방송 제작용으로는 적합하지 않다.

② 아이무비(iMovie)

아이무비도 무비메이커처럼 Mac OS에 기본 탑재되어 있는 번들 편집 프로그램이다. 장단점도 비슷하다. 예고편을 쉽게 만들 수 있고, 비디오 클립에서 얼굴을 인식해 검색할 수 있는 등 사용자의 편의를 위해 애플이 마련한 기능들이 있다.

③ 프리미어 프로(Premiere pro)

프리미어는 포토샵(photoshop)이라는 사진 편집 프로그램으로 유명한 어도비(adobe)사가 개발한 영상 편집 프로그램이다. 프리미어는 다양한 장면 전환, 필터 적용, 색 보정 등 영상 편집 전문가에게 필요한 기능을 갖추고 있어 많이 사용된다.

그러나 프로그램을 운용하기 위해서는 높은 사양의 컴퓨터가 필요하기 때문에 시스템을 구축하는 데 돈이 많이 든다. 또 프리뷰가 쉽게 되지 않을 수 있어 렌더링을 위한 편집시간이 오래 걸리고, 오류가 자주 발생하는 단점이 있다.

④ 소니 베가스(Sony Vegas)

소니가 개발한 프로그램인 베가스는 비교적 저사양의 컴퓨터에서도 사용할 수 있고 가격도 80만원 정도로 싼 편이다. 그러나 동영상 파일 포맷에 따른 호환성이 낮고, 다양한 효과를 만들 수 없어 방송국에서는 많이 사용하지 않는다.

⑤ 아비드(Avid)

아비드로 통칭되는 'avid media composer'는 비선형 편집의 대표적인 프로그램으로 방송국과 프로덕션에서 많이 사용한다. 플러그인 소프트웨어(plug-in software: 어떤 프로그램에 없던 새 기능을 추가하기 위해 끼워넣는 부가 프로그램. 자체 실행능력은 없지만 특정한 프로그램 속에서 함께 실행되어 기능을 발휘한다)가 많아 편집에서 효과, 합성까지 한 번에 할 수 있지만 고사양의 시스템이 필요하다. 300만원대로 비싸지만 윈도우즈와 Mac OS, 두 운영체계에서 모두 사용할 수 있어 호환성이 뛰어나다.

⑥ 파이널 컷 프로(Finalcut pro)

앞에서 설명한 프로그램 중 아비드를 제외하고는 모두 윈도우즈 운영체계에서만 사용할 수 있는 소프트웨어다. 애플이 만든 파이널 컷 프로는 Mac OS에서만 사용할 수 있는 편집 툴이다. 이 프로그램은 안정적인 시스템과 저렴한 가격으로 사용자층이 다양하다. 그래픽과 자막 효과가 뛰어나 제작국 예능 파트에서 많이 사용한다.

⑦ 에디우스(Edius)

에디우스는 자체 내장된 코덱이 거의 모든 포맷을 지원해 호환성이 뛰어나다. 이 프로그램은 특히 컷 편집에 유용하기 때문에 보도 편집용으로 많이 사용된다. 다른 영상과 혼합 편집할 수 있는 해상도와 비트레이트(Bit rate)를 지니고 있고 저사양 시스템에서도 사용할 수 있다.

편집의 실제

영상 편집 프로그램마다 특징이 있지만 전체적인 틀은 비슷하다. 보도 영상 편집에서 많이 사용하는 에디우스를 이용해 비선형 편집이 진행되는 과정을 알아보자.

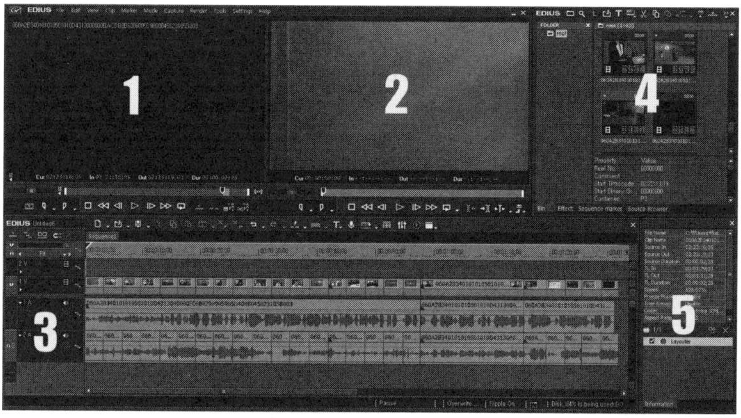

에디우스 실행 화면

위의 그림은 에디우스를 실행한 화면으로 윈도우즈 레이아웃 노말 세팅으로 기본적인 영상편집 프로그램의 모습이다. 1번 창은 소스 모니터로 원본 파일을 재생해 볼 수 있고 in/out점을 잡아 잘라내는 작업을 할 수 있다. 2번 창은 프리뷰 모니터로 편집된 영상을 볼 수 있다. 3번 창은 타임라인 창으로 소스 모니터에서 잘라낸 영상을 적절한 순서대로 배열해 내려 놓는 곳이다. 4번 창은 임포트해서 불러온 소스들이 나열된 창이다. 5번 창은 파일에 대한 정보를 보여주는 창이다.

비선형 편집은 하드 디스크나 디지털 메모리에 저장된 영상 파일을 원본 소스로 활용하기 때문에 테이프가 저장 매체인 경우 파일로 바꾸는 디지타이징(Digitizing)작업을 거쳐야 한다. 저장 매체가 메모리 카드나 블루레이 디스크인 경우 바로 편집할 수 있다. 편집 과정은 아래의 8단계를 거쳐 완성된다.

① 인제스트(Ingest)

비선형 편집에서 원본 파일을 서버에 옮기는 디지털 아카이빙(Archiving)이나 디지타이징 과정을 통틀어 인제스트라고 한다. 디지털로 변환하거나 서버로 옮기는 과정뿐 아니라 나중에 다시 찾을 수 있도록 키워드를 인덱스 하는 등 원본 콘텐트를 비선형 편집에 적합하게 가공하고 저장한다.

② 프리뷰

원본을 먼저 보고 쓸 만한 것을 찾아두는 작업이다. 취재기자가 쓴 기사와 촬영기자가 찍은 영상을 적절하게 결합하기 위해 편집을 하기 전에 반드시 거쳐야 한다. 촬영기자가 편집할 경우 본인이 찍은 중요 화면을 모두 알고 있기 때문에 프리뷰에 드는 시간을 줄일 수 있다.

③ 오디오 기사 삽입

취재기자가 쓴 기사를 녹음한 뒤, 그 오디오 파일을 불러와 뉴스 영상의 틀을 잡는다. 이때 보통 오디오 채널1을 이용한다. 인터뷰나 연설 등 목소리류는 채널1에, 현장에서 자연스럽게 들어오는 소리는 채널2

오디오 기사 삽입 화면

에 녹음되도록 설정하는 것이 일반적이다.

④ 컷 편집

컷 편집은 트랙을 깐 뒤 기사 내용에 맞게 영상을 잘라 붙이는 작업이다. 이 때 기사 내용과 영상이 잘 연결되어야 한다. 기사와 영상이 맞지 않으면 기사를 이해하기 어렵고 혼란을 느끼게 된다. 뉴스 영상은 보통 한 컷을 3초 정도 보여주는데 필요에 따라 조금씩 길거나 짧게 편집해도 무방하다.

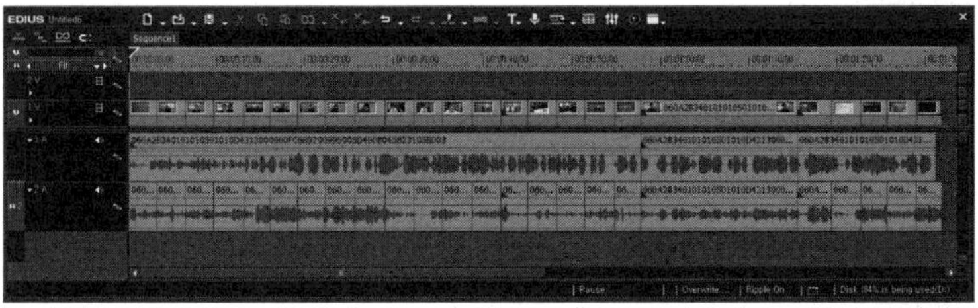

컷 편집 화면

⑤ 이펙트

컷 편집을 한 뒤에는 장면 전환, 슬로우 모션, 색 보정 등 여러 가지 효과(이펙트)를 준다. 비선형 편집이 되면서 이런 작업이 쉬워졌다. 장면 전환 효과에는 두 개의 비디오 클립이 겹쳐지며 넘어가는 디졸브, 어두워졌다 밝아지는 페이드인·아웃이 많이 쓰인다. 클립이 이전 클립을 밀어내는 와이프도 종종 쓰인다. 장면 전환 효과는 화면을 보다 자연스럽게 만들어 뉴스 영상의 질을 높일 수 있다.

디졸브

페이드인·아웃

와이프

⑥ 오디오 레벨 조정

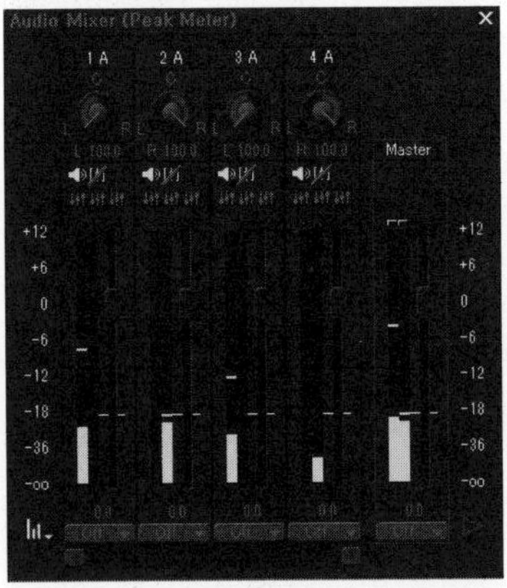

오디오 믹서

영상 편집이 끝나면 신경 써야 하는 것이 오디오 레벨을 조정하는 작업이다. 오디오 볼륨이 너무 작거나 크면 뉴스의 몰입도가 떨어진다.

⑦ 자막 삽입

인터뷰나 연설 등을 녹취한 경우 말 자막을 넣는 것이 일반적이다. 이름이나 직업 등 말하는 사람의 정보는 물론 녹취 내용을 자막으로 보여준다. 자료화면일 경우는 자막에 자료화면임을 표시하고, 과거에 찍은 영상은 날짜와 장소를 명시한다.

⑧ 편집 후 과정

ㄱ) 익스포트(Export)

편집기기가 디지털 HD로 발전하면서 파일의 용량이 커져 고사양의 편집기가 필요해졌다. 원본으로 편집하면 시스템에 과부하가 걸리기 때문에 영상 편집 프로그램은 원본 파일을 이용하지 않는다. 편집을 마친 프로젝트 파일로 소스가 되는 파일을 조작해 결과물을 만들어내는 작업을 익스포트라고 한다. 익스포트를 할 때 코덱이라는 포맷을 설정한다. 코덱마다 특징이 있기 때문에 설정을 어떻게 하느냐에 따라 파일의 해상도와 압축률이 달라진다.

ㄴ) 코덱(Codec)

코더(coder)와 디코더(decoder)의 합성어다. 코더는 빛과 소리의 신호를 디지털 정보로 변환하는 것이고, 디코더는 이와 반대로 디지털 정보를 영상과 소리로 출력하는 것이다. 여러 종류의 코덱이 있는데 비디오 압축 표준은 ITU-T와 ISO/IEC를 주로 사용한다.

어떤 코덱을 쓸 것인지는 화질과 파일의 용량을 감안해 결정한다. 일반적으로 용량이 작아지면 화질이 떨어지지만 무작정 용량이 큰 것을 선택할 수는 없다. 용량이 크면 저장 매체를 구입하는 데 비용이 많이 든다. 따라서 얼마나 좋은 화질이 필요한지 생각하고 코덱을 설정해야 한다. vcd 등이 사용되던 초기에는 Cinepak이나 Indeo같은 저사양 코덱을 사용했으나, 시스템의 성능이 좋아지고 고화질 영상이 일반화 되면서 Mpeg나 H.264같은 고사양 코덱을 많이 선택한다.

촬영 원본을 인제스트 할 때는 파나소닉의 AVC intra 코덱이나 소니의 HD422 코덱을 많이 쓴다. 해외출장을 가서 촬영 원본을 인제스트 하지 못하고 인터넷으로 전송해야 하는 경우, 업로드 속도가 한국에 비해 많이 떨어질 수 있다. 이때는 화질이 떨어지더라도 H.264 같은 고압축률의 코덱을 사용해 영상을 전송해야 뉴스 시간에 맞출 수 있다.

코덱명	특 징
Cinepak	• 1992년 개발된 동영상 코덱의 시초 • 당시 다른 코덱에 비해 압축률이 뛰어나 화질이 좋음 • 저사양 컴퓨터에서도 재생할 수 있으나, 압축 시간이 길고 계단 현상 발생
MPEG	• 영상과 음성을 따로 압축해 동기화 • 움직임이 부드럽고 저용량이어서 장시간 촬영에 적합 • 고사양의 인코딩 시스템 필요
H.264	• ISO/IEC, ITU-T 두 그룹의 공동 표준으로 개발 • 압축률이 높다. MPEG2 대비 최대 64%까지 압축 성능이 향상 • 1920 X 1080 고해상도 파일을 1/4 정도로 압축해도 원본과 유사한 화질 유지
WMV	• 마이크로 소프트 윈도우에 적합한 코덱으로 용량 대비 화질이 뛰어남 • 요즘 스트리밍 비디오에 많이 사용
DV 코덱	• 디지털 캠코더에서 쓰는 코덱 • 5:1의 압축률을 가지고 있다
Indeo	• Cinepak의 단점 보완 • 화질이 낮아 지금은 사용하지 않음

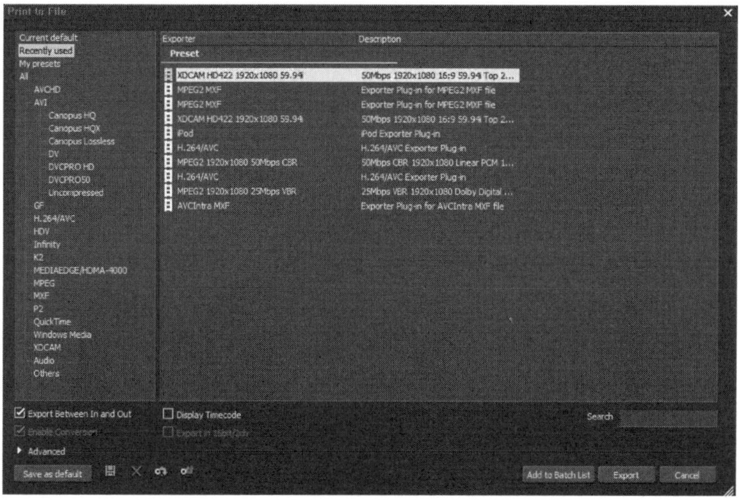

익스포트 설정 화면

영상편집의 문법

글을 쓸 때 문법에 맞게 써야 독자가 이해할 수 있는 것처럼 영상을 제작할 때도 문법에 따라야 뉴스를 잘 전달할 수 있다. 영상 문법은 촬영 단계부터 고려해야 한다.

영상을 취재할 때 기자는 한 자리에서만 촬영하지 않는다. 그러나 이동하거나 여러 카메라를 쓰는 경우 '180도 법칙'이라고 부르는 이미지너리 라인(Imaginary Line)을 염두에 둬야 한다. 이미지너리 라인은 피사체를 연결하는 가상의 선이다. 이 선을 기준으로 180도 안에서 촬영해 동일한 방향성을 갖도록 해야 한다. 이미지너리 라인을 넘으면 시청자가 혼동을 느낄 수 있다.

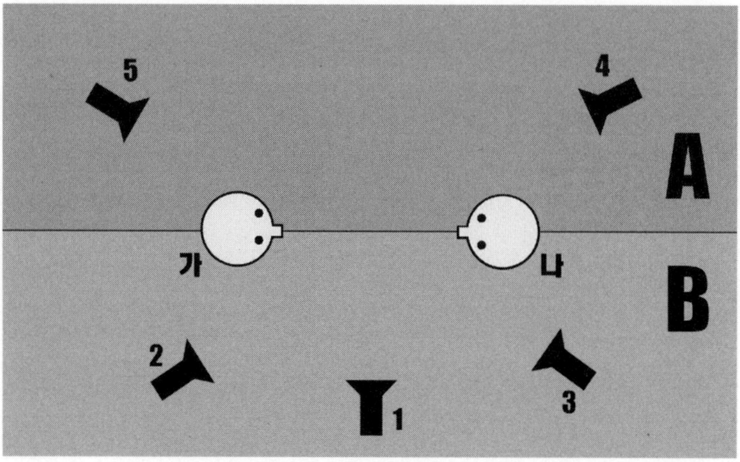

두 사람 대화 시 이미지너리 라인

위 그림에서 〈가〉와 〈나〉는 마주 보고 대화를 하고 있다. 이런 경우 〈가〉와 〈나〉의 시선의 연장선이 이미지너리 라인이 된다. 따라서 카메라는 A나 B 영역 중 한 곳에서만 촬영해야 한다.

카메라가 1번 위치에서 〈가〉와 〈나〉의 투샷을 찍으면 〈가〉는 오른쪽을, 〈나〉는 왼쪽을 보고 있다. 2번 위치에서 〈나〉의 원샷을 찍으면 〈나〉는 왼쪽을 보고 있고, 3번 위치에서 〈가〉의 원샷을 찍으면 〈가〉는 오른쪽을 보게 된다. 1번 위치에서 찍은 투샷과 방향이 일치하기 때문에 1,2,3번의 영상을 편집하면 무리가 없다.

1번 위치

2번 위치

3번 위치

그러나 1번 위치에서 투샷을 찍은 뒤, 이미지너리 라인을 넘어 4번과 5번에서 〈가〉와 〈나〉의 원샷을 찍으면. 〈가〉는 왼쪽을 〈나〉는 오른쪽을 보게 돼 방향이 바뀐다.

1번 위치

5번 위치

4번 위치

또 2번에서 〈나〉를, 4번에서 〈가〉를 찍으면 둘은 마주 보는 게 아니라 같은 방향을 보고 얘기하는 것처럼 보여 시청자는 혼란스럽게 된다.

1번 위치

2번 위치

4번 위치

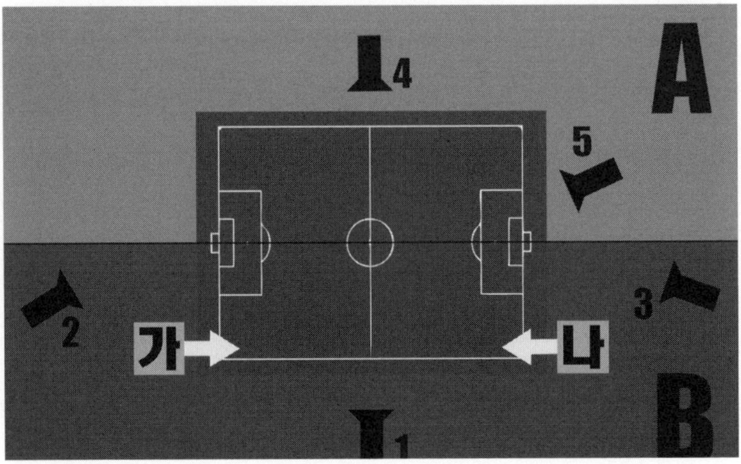

다른 예로 축구 경기를 들 수 있다. 이때 두 골대를 잇는 가상의 선이 이미지너리 라인이 된다. 1번 위치의 카메라에서 보면 〈가〉팀은 왼쪽에서 오른쪽으로 공격하고, 〈나〉팀은 오른쪽에서 왼쪽으로 공격한다. 2번, 3번 카메라 위치에서도 방향은 바뀌지 않는다. 그러나 이미지너리 라인을 넘어 4번 위치에서 촬영하면 〈나〉팀이 오른쪽에서 왼쪽으로 〈가〉팀이 왼쪽에서 오른쪽으로 공격하는 것처럼 보인다. 따라서 1,2,3번처럼 B 영역에서 촬영을 하다 4번 카메라로 찍은 영상을 붙인다면 공격하던 팀의 선수가 갑자기 뒤로 돌아 자기편 골대에 슛을 날리는 것처럼 보인다.

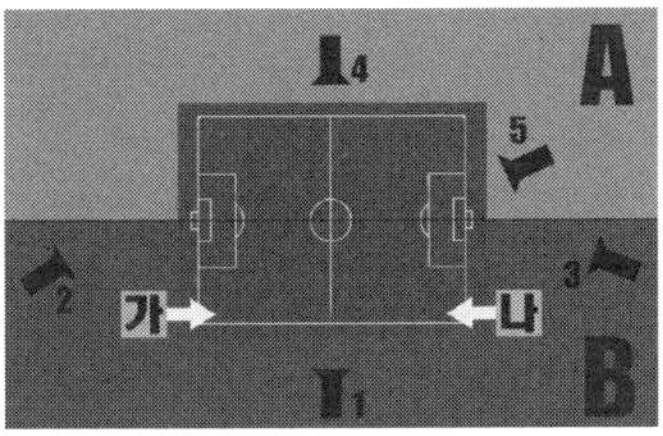

1,2,3번 – B 영역에서 촬영

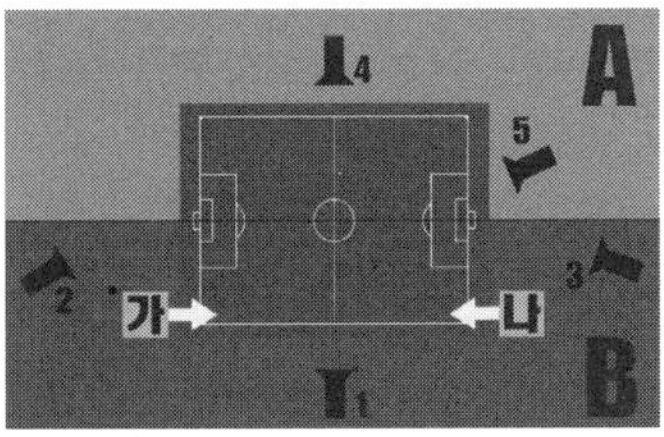

4번 – 공격 방향이 바뀌어 보임

예외 없는 법칙은 없는 법! 축구 중계를 보면 골이 들어간 장면을 리플레이할 때, 5번 위치에서 활영한 영상을 보여주는 경우가 있다. 이때는 방향이 바뀌는 혼란을 막기 위해 화면의 한 귀퉁이에 R(reverse) 표시를 한다.

III

현장 실전 노하우

기사 작성에서 유의할 점

정확하게 써라

좋은 기사의 조건으로 여러 가지를 꼽을 수 있지만 정확해야 한다는 것은 아무리 강조해도 지나치지 않다. 확인되지 않은, 부정확한 사실을 보도하는 것은 오보(誤報)다.

틀린 팩트(fact)로 기사를 쓰는 것은, 상한 음식 재료로 요리하는 것과 마찬가지다. 기자의 무지와 부실한 취재는 오보라는 '인재(人災)'를 가져온다. 한번 방송된 뉴스는 날아간 화살처럼 되돌아 올 수 없다.

따라서 취재 현장에서는 물론, 기사 작성 단계에서 실수를 줄여야 한다. 팩트를 정확하게 잘 취재하고서도 결과적으로 틀리는 경우가 많기 때문이다. 표현을 잘못해 기자의 의도와 달라지는 것이다. 시청자는 기사를 통해서만 기자의 생각을 알 수 있다. 기자는 수용자의 입장에 서서 기사가 정확한지 거듭 확인해야 한다.

① 숫자에 주의하라

정확성과 관련해 먼저 강조해야 할 것은 숫자와 관련된 것이다. 숫자는 기사의 내용을 구체적으로 뒷받침하거나 명확하게 하기 위해 필요한 요소지만 잘못 쓰면 오히려 시청자를 혼란에 빠뜨린다.

문장 표현은 조금 어색하거나 잘못되더라도 크게 문제되지 않는다. 시청자가 전후 문맥을 살펴 제대로 이해할 수 있기 때문이다. 그러나 숫자는 사정이 달라진다. 국가 예산이나 대기업 매출액을 보도할 때 0을 한 개 뺐다고 생각해보라. 전혀 다른 차원의 내용이 된다.

이런 실수를 막는 방법은 두 가지다. 하나는 가급적 숫자를 쓰지 않는 것이다. 초년병 기자일수록 숫자를 나열하려는 강박감을 갖기 쉽다. 숫자는 팩트를 객관적으로 전달할 수 있는 정보지만, 시청자는 빨리 숫자를 이해하지 못한다. 신문에서는 독자가 숫자를 천천히 다시 읽을 수 있다. 그러나 방송 뉴스는 빨리 지나가기 때문에 짧은 시간에 숫자를 통해 기사를 이해하기가 쉽지 않다. 꼭 필요한 숫자라면 그래픽이나 자막으로 일목요연하게 정리하는 것이 요령이다.

다른 방법은 숫자를 반드시 써야 할 경우 거듭 확인하는 것이다. 특히 수량과 관련된 표현을 조심해야 한다. '두 배' '세 배' 같은 배수(倍數) 표현만 나오면 헛갈리는 사람이 많다. '몇 kg 늘었다' 또는 '몇 % 늘었다'고 할 때는 잘 계산하다가도 그렇다. 아래의 두 문제를 참고로 보도록 하자.

어느 유치원의 지원자가 지난해는 100명, 올해는 300명이다. 지원자의 증가율은 얼마일까?

정답:200%(200/100×100)

어느 유치원에 지난해 100명, 올해 300명의 어린이가 지원했다. 올해 지원자는 '몇 배 늘었나?' '몇 배가 됐나?' '몇 배로 늘었나?'

정답: '두 배 늘었다.' '세 배가 됐다.' '세 배로 늘었다.'

배는 '어떤 수량을 앞의 수만큼 거듭해 합한 수량'이란 뜻이다. '늘다, 불어나다, 오르다' 등과 어울려 수량의 변화를 비교할 때 쓰인다. 다음 예문을 보자.

• 모바일 쇼핑 시장 규모가 지난해 200억원에서 올해 2000억원으로 10배가 뛸 것으로 예상됩니다.

⇒ 모바일 쇼핑 시장 규모가 지난해 200억원에서 올해 2000억원으로 10배가 될 것으로 예상됩니다.

200억원에서 2000억원이 된다면 9배 증가하는 것이다. 따라서 '9배 뛸 것으로 예상됩니다' '10배가 될 것으로 예상됩니다'가 옳다.

• 전자발찌는 미국의 44개주에서 시행 중입니다. 가장 먼저 도입해 10년째 시행 중인 플로리다주의 경우 재범률이 2배 이상 감소했습니다.

• 삼성의 홈구장인 대구 구장은 만원이 1만 2000석, 롯데의 사직 구장에 비해 3배 가량 적은 수치입니다.

위의 두 문장에서 '2배 이상 감소했습니다' '3배 가량 적은 수치입니다'라는 표현은 어색하다. '절반 이하로 줄었습니다' '3분의 1에 불과합니다'로 고치는 것이 마땅하다. 숫자와 관련된 얘기를 마저 해보자.

• 청주·청원 행정구역 통합 여부를 묻는 청원지역 주민투표에서 과반수 이상이 찬성 표를 던졌습니다.
  ⇒ 청주·청원 행정구역 통합 여부를 묻는 청원지역 주민투표에서 과반수가 찬성 표를 던졌습니다.

여기서 '과반수 이상'은 잘못이다. 과반수는 '반을 넘는 수'를 뜻하기 때문에 '이상'과 같이 쓸 수 없다.

'%'와 '%포인트'도 잘 구별해서 써야 한다. 정당 또는 후보자의 지지율이나 펀드의 수익률을 나타낼 때 한 문장에서 두 단위가 함께 나올 정도로 자주 쓰이는 표현이다. %는 비율 또는 변화의 정도를 나타낼 때 사용한다. 기준을 100으로 할 때 비교 대상이 얼마냐를 따지는 것이다. 은행 순이익이 2010년 13조 5,000억원에서 2007년 15조 원으로 증가했다면 증가율은 약 11%다.

%포인트는 %단위끼리 비교할 때 사용한다. 예를 들어 여론조사에서 정당의 지지율이 1월에 30%이던 것이 2월에 20%라면 '한 달 만에 10%포인트 떨어졌습니다'라고 한다. 만일 여기서 '10% 떨어졌습니다'고

하면 어떻게 될까. 30%의 10%인 3%가 떨어졌다는 뜻이 되므로 의미가 완전히 달라진다.

- 전국 44개 상급 종합병원이 받은 진료비 중 빅5 병원이 차지하는 비중은 2007년 34.3%에서 올해 36.7%로 2.4% 늘었습니다.

  ⇒ 전국 44개 상급 종합병원이 받은 진료비 중 빅5 병원이 차지하는 비중은 2007년 34.3%에서 올해 36.7%로 2.4%포인트 늘었습니다.

② 뜻을 알고 쓰자!

초년병 사회부 기자 시절 '피고'와 '피고인'을 제대로 구분하지 못해 선배에게 혼난 기억이 아직도 선명하게 남아 있다.

'피고'는 '원고'의 상대되는 개념으로 민사·행정 소송 등에서 소송을 당한 쪽을 말한다. 원고와 피고 가운데 누가 잘못했는지는 재판을 통해 가려지게 된다. 이에 비해 '피고인'은 형사 재판에서 검사가 공소를 제기해 재판을 받는 사람, 쉽게 말해 죄인이다. 그런데도 다음 예처럼 잘못 쓰는 경우가 허다하다.

- 여성 7명, 남성 5명으로 구성된 텍사스주 지방법원 배심원단은 피고 20명 가운데 가장 먼저 법정에 선 그에게 유죄와 함께 징역 99년을 선고했습니다.

  ⇒ 여성 7명, 남성 5명으로 구성된 텍사스주 지방법원 배심원단은 피고인 20명 가운데 가장 먼저 법정에 선 그에게 유죄와 함

께 징역 99년을 선고했습니다.

- 오토바이를 훔쳐 달아난 혐의로 법정에 선 16살짜리 소녀 피고에게 부장판사가 말했습니다.

  ⇒ 오토바이를 훔쳐 달아난 혐의로 법정에 선 16살짜리 소녀 피고인에게 부장판사가 말했습니다.

이밖에도 사전을 찾아 한 번만 뜻을 알아 두면 정확하게 쓸 터인데 잘못 쓰는 단어들이 있다. 대표적인 것이 '유명세(有名稅)'다. 유명세는 '세상에 이름이 널리 알려진 탓으로 당하는 불편이나 곤욕'을 뜻한다. 한마디로 나쁜 의미다. 그래서 세금에 빗댄 것이고 '유명세가 따르다' '유명세를 내다(치르다)' 등으로 사용하는 것이 옳다. 그러나 유명세의 '세'를 '세(勢)'로 착각해서 잘못 활용하는 사람이 많다. '유명세는 타는 것이 아니다'라는 식으로 기억하면 실수를 줄일 수 있다.

- 생닭 가격은 작년보다 내렸는데 삼계탕은 한 그릇에 1만 2천~3천원, 유명세를 탄 식당에선 1만 5천원이 훌쩍 넘습니다.

  ⇒ 생닭 가격은 작년보다 내렸는데 삼계탕은 한 그릇에 1만 2~3천원, 유명한 식당에선 1만 5천원이 훌쩍 넘습니다.

'접수(接受)'도 행위의 주체를 착각하기 쉬운 단어다. '받아들임'의 뜻이라는 것을 누구나 알 터인데 아래 예문처럼 '제출'의 뜻으로 사용하곤 한다.

- 동 주민센터에 우편·팩스 등으로 의견을 접수하면 됩니다.
- 캠프에 참가를 원하는 학생은 자료를 5월 9일까지 접수하면 됩니다.

'임대(賃貸)'는 돈을 받고 자기의 물건을 남에게 빌려주는 것이다. '임차(賃借)'는 남의 물건을 빌려 쓰는 것으로 정반대의 뜻이다. 자칫 방심하다 보면 다음 예처럼 틀리게 된다.

- 대학교 밖에 기숙사를 짓거나 건물을 임대해 사용해도 학교시설로 인정받을 수 있습니다.

실전 Q&A

Q 다음 문장에서 잘못된 곳을 고치시오.

1. C형 간염에 감염된 신규 환자 수가 2001년 3천 건에서 지난해 4천 2백 건으로 10년 새 1.4배 늘었습니다.
2. 5년 전인 2007년 4천 8백여 건이던 외국인 범죄가 지난해에는 9천 6백여건으로 두 배 늘었습니다.
3. '아덴만의 영웅' 석해균 선장과 필리핀 출신 귀화 여성 이자스민 씨, 국가대표 탁구선수 출신의 이에리사 용인대 교수도 비례대표 후보 공모에 접수했습니다.
4. 스페인의 작은 도시 카카벨로스입니다. 작은 강이 흐르고, 푸른 나무들이 우거진 아름다운 도시입니다.
5. 빠르면 내일 저축은행 3곳이 영업정지 될 가능성이 높습니다.
6. 삼성 라이온스가 올 시즌 프로야구 정상에 올랐습니다.
7. 기상청은 지금까지 경비행기를 임대해 사용했지만, 올해는 190억원의 예산을 지원받아 실험용 항공기를 도입할 예정입니다.
8. 러시아의 선거 감시 단체 골로스는 부당한 행정력이 동원됐기 때문에 푸틴 득표율이 과반을 넘었다고 주장하고 있습니다.
9. 문재인 후보가 누적득표율에서도 과반을 넘어설지 관심입니다.
10. 통일교 측은 문선명 총재의 부인 한학자 여사와 자녀들이 임종을 지켰다고 밝혔습니다.
11. 숨진 두 여자는 자취를 감춘 남자의 아내와 어머니입니다.

A

1. C형 간염에 감염된 신규 환자 수가 2001년 3천 건에서 지난해 4천 2백 건으로 10년 새 1.4배가 됐습니다.

2. 5년 전인 2007년 4천 8백여 건이던 외국인 범죄가 지난해에는 9천 6백여건으로 두 배가 됐습니다.

3. '아덴만의 영웅' 석해균 선장과 필리핀 출신 귀화 여성 이자스민 씨, 국가대표 탁구선수 출신의 이에리사 용인대 교수도 비례대표 후보 공모에 응했습니다.

4. 스페인의 작은 도시 카카벨로스입니다. 작은 강이 흐르고, 녹색 나무가 우거진 아름다운 도시입니다.

5. 이르면 내일 저축은행 3곳이 영업정지 될 가능성이 높습니다.

6. 삼성 라이온즈가 올 시즌 프로야구 정상에 올랐습니다.

7. 기상청은 지금까지 경비행기를 임차해(빌려) 사용했지만, 올해는 190억원의 예산을 확보해 실험용 항공기를 도입할 예정입니다.

8. 러시아의 선거 감시 단체 골로스는 부당한 행정력이 동원됐기 때문에 푸틴 득표율이 절반을 넘었다고 주장하고 있습니다.

9. 문재인 후보가 누적득표율에서도 과반이 될지(절반을 넘어설지) 관심입니다.

10. 통일교 측은 문선명 총재의 부인 한학자 여사와 자녀들이 임종했다고 밝혔습니다.

11. 숨진 두 여자는 자취를 감춘 남자의 부인과 어머니입니다.

쉽고, 친절하게 써라

방송 뉴스는 쉬워야 한다. 남녀노소, 글을 읽고 쓸 줄 모르는 사람도 TV를 시청하기 때문에 어린이나 노인도 이해할 수 있도록 뉴스를 만들어야 한다. 신문 기사는 독자가 원하기만 하면 몇 번이나 되풀이해서, 줄을 그어가며 읽을 수 있지만 방송은 한 번 지나가면 그만이다(열혈 시청자라면 '다시보기'로 재시청 하는 수도 있긴 하지만).

어려운 용어를 풀어쓰는 것이 쉽고 친절한 뉴스의 첫 걸음이다. 출입처에서 배포하는 '보도자료'를 그대로 옮기다보면 '관급(官給) 기사' 냄새가 풀풀 난다. 일상생활에서 사용하지 않는 용어가 이곳 저곳에서 튀어 나온다. 때로는 기자도 뜻을 제대로 모르는 단어가 버젓이 기사에 등장한다. 이렇게 되면 기사는 거칠고 딱딱해진다. 한자어 사용을 가급적 줄이고 우리말로 대신하는 것이 요령이다.

초보 운전자는 어깨에 잔뜩 힘이 들어가지만 운전이 익숙해지면 부드럽게 핸들을 돌린다. 힘을 빼는데는 시간이 걸린다. 그러나 시간만 흐른다고 저절로 해결되는 것은 아니다. 운전자 스스로가 노력해야 한다.

- 태풍이 제주도 서쪽을 통과하면서 해안가는 월파로 주택침수가 속출했습니다.

  ⇒ 태풍이 제주도 서쪽을 통과하면서 해안가는 파도가 제방을 넘어 주택침수가 잇따랐습니다.

- 서울 도심에서 폐수를 무단으로 방류한 업체들이 무더기 적발됐습니다. 폐수에서는 독극물인 청산가리와 중금속이 다량 검출됐습니다.

⇒서울 도심에서 폐수를 함부로 흘려보낸 업체들이 무더기 적발 됐습니다. 폐수에서는 독극물인 청산가리와 중금속이 많이 검출됐습니다.

- 서울시는 길거리에 설치한 폐쇄회로 TV를 활용하고 직접 단속도 벌여 담배꽁초 무단 투기자에 대해 3만원의 과태료를 부과하기로 했습니다.

⇒서울시는 길거리에 설치한 폐쇄회로 TV를 활용하고 직접 단속도 벌여 담배꽁초를 함부로 버리는 사람에게 3만원의 과태료를 매기기로 했습니다.

관공서에서 굳이 어려운 단어를 쓰는 이유는 무엇일까? 권위가 올라간다고 생각해서일까? 아니면 습관이 되어서일까? 공무원은 그렇다 치더라도 기자는 달라야 한다. 쉬운 단어가 있는지 고민하지도 않고, 어려운 단어를 사용하는 것은 시청자를 배려하지 않는 것이다.

단어 한두 개만 바꿔도 기사가 쉬워지는 수가 있지만, 내용 자체가 어려워 이해하기 어려운 때가 있다. 법률·경제·의학·외교 기사에서 종종 그렇다. 이때는 보충 설명을 하거나, 한 문장을 보태 설명하는 것이 해결책이다.

- 금융당국이 내년 4월 끝나는 신용회복위원회의 프리워크아웃, 즉 사전 채무조정 제도를 무기한 연장 시행하기로 했습니다. 지원폭도 확대해 현재 이자의 30%까지 감면해주던 것을 앞으로는 최고 50%까지 늘립니다.

⇒ 금융당국이 내년 4월 끝나는 신용회복위원회의 프리워크아웃, 즉 사전 채무조정 제도를 무기한 연장 시행하기로 했습니다. 지원 폭도 확대해 이자의 30%까지 감면해 주던 것을 앞으로는 50%까지 늘립니다. 프리워크아웃은 대출금 연체 기간이 3개월 이하인 다중 채무자에게 이자를 줄여주거나 만기를 연장해 신용불량자로 떨어지는 것을 막는 제도입니다.

- 오늘 새벽 끝난 유럽 증시는 슈퍼 마리오 효과로 이틀 연속 올랐습니다.

⇒ 오늘 새벽 끝난 유럽 증시는 슈퍼 마리오 효과, 즉 마리오 드라기 유럽중앙은행 총재가 재정 위기 국가의 국채를 사겠다고 발표한 효과로, 이틀 연속 올랐습니다.

실전 Q&A

Q 다음 문장을 자연스럽게 고치시오.

1. OOO는 10년 동안 아동 포르노에 탐닉했습니다.
2. 피의자들은 유명 파일 공유 사이트를 통해 악성 프로그램을 유포했습니다.
3. 김씨는 건강을 되찾기까지 수 차례 수술과 재활치료를 거쳤습니다.
4. 북한의 기대수명이 낮은 것은 의약품이 부족하고 치료 기술이 낮아 결핵과 심혈관 질환으로 사망하는 사람이 많기 때문으로 풀이됩니다.
5. 서울 강남경찰서는 부상자가 없고, 차량 파손 정도가 심하지 않아 이씨를 2시간 조사한 뒤 귀가 조치했습니다.
6. 제15호 태풍 '볼라벤'을 피해 전남 신안 앞바다에서 투묘 중 좌초된 화물선 선원 10명이 무사히 구조됐습니다.
7. 파주시와 경기관광공사는 오늘과 내일 수원역을 출발해 영등포역과 서울역을 경유해 임진각으로 오는 포크열차를 운행합니다.
8. 프로축구 대전의 유상철 감독이 사령탑에 오른 지 1년 만에 확 늙었습니다. 올해 처음 도입된 스플릿 시스템 탓에 한 경기 한 경기, 살얼음판 승부를 벌였기 때문입니다.
9. 첫날부터 선두에 나선 김지현은 생애 첫 우승을 와이어 투 와이어로 장식하며 우승 상금 1억원을 거머쥐었습니다.

A

1. OOO는 10년 동안 아동 포르노에 푹 빠졌습니다.
2. 피의자들은 유명 파일 공유 사이트를 통해 악성 프로그램을 퍼뜨렸습니다.
3. 김씨는 건강을 되찾기까지 몇 차례 수술과 재활치료를 거쳤습니다.
4. 북한의 기대수명이 낮은 것은 의약품이 부족하고 치료 기술이 낮아 결핵과 심근경색·협심증 등 심혈관 질환으로 숨지는 사람이 많기 때문으로 풀이됩니다.
5. 서울 강남경찰서는 부상자가 없고, 차량 파손 정도가 심하지 않아 이씨를 2시간 조사한 뒤 집으로 돌려보냈습니다.
6. 제15호 태풍 '볼라벤'을 피해 전남 신안 앞바다에서 닻을 내리다 좌초된 화물선 선원 10명이 무사히 구조됐습니다.
7. 파주시와 경기관광공사는 오늘과 내일 수원역을 출발해 영등포역과 서울역을 거쳐 임진각으로 오는 포크열차를 운행합니다.
8. 프로축구 대전의 유상철 감독이 사령탑에 오른 지 1년만에 확 늙었습니다. 팀 성적에 따라 시즌 중반에 상위리그와 하위리그로 나눠 경기하는 스플릿 시스템이 올해 처음 도입돼 한 경기 한 경기, 살얼음판 승부를 벌였기 때문입니다.
9. 김지현은 대회 첫날부터 끝날 때까지 줄곧 선두를 유지하는, 와이어 투 와이어로 생애 첫 우승을 장식하며 상금 1억원을 거머쥐었습니다.

짧고 간결하게 써라

초짜 기자가 쓴 기사일수록 길고 중언부언하기 쉽다. 1분 30초짜리 리포트를 만들라는 주문을 받고도 2분을 훌쩍 넘기기 예사다. 앵커 멘트와 기사 본문이 중복되고, 심지어는 기사 본문과 취재원의 멘트가 겹치기도 한다.

전체 길이는 물론 문장 하나 하나도 길다. 취재한 팩트가 모두 소중하고, 시청자에게 조금이라도 더 전달하고 싶은 욕심에 이것 저것 넣기 때문이다. 그러나 결과는 끔찍하다. 말이 꼬일뿐더러 숨까지 차 본인이 말하고 싶은 것을 제대로 전달하기가 쉽지 않다.

국내 신문 기사의 한 문장 길이가 70자 안팎이라는 연구 결과가 나온 적이 있다. 그러나 방송 기사에서는 이것도 길게 느껴진다. 특별한 경우를 제외하고는 50자를 넘지 않는 것이 좋다.

문장을 길게 쓰는 것은 고질(痼疾)이다. 여간해선 잘 고쳐지지 않는다. 평소에 긴 문장을 두세 개로 나누는 연습을 하자.

- OOO는 모텔과 PC방에서 수시로 일본 아동 포르노를 보며 어린 여자와의 성행위를 동경했으며, 술을 마신 사건 당일엔 이런 충동이 심해져 7살짜리 아이를 이불째 납치해 다리 밑에서 성폭행했습니다.

  ⇒ OOO는 모텔과 PC방에서 수시로 일본 아동 포르노를 보며 어린 여자와의 성행위를 동경했습니다. 술을 마신 사건 당일엔 이런 충동이 심해져 7살짜리 아이를 이불째 납치해 다리 밑에서 성폭행했습니다.

• 보령화력발전소는 화재가 완전 진화된 뒤에도 복구대책을 내놓지 않고 있다가 이틀이 지난 오늘 처음 대책회의를 해 늑장 신고에 이어 복구에도 제대로 대처하지 못하고 있다는 비난을 받고 있습니다.

⇒ 보령화력발전소는 화재가 완전 진화된 뒤에도 복구대책을 내놓지 않고 있다가 이틀이 지난 오늘 처음 대책회의를 했습니다. 이 때문에 늑장 신고를 한 데 이어 복구에도 제대로 대처하지 못한다는 비난을 받고 있습니다.

① 군더더기, 수식어를 적게

장황하고 화려한 수식어 속을 헤매다 정작 중요한 의미를 놓쳐 버리고 만다. 미로 속을 걷는 느낌이다. 이쯤 되면 기사를 쓴 사람은 자신의 뜻을 효과적으로 전달하겠다는 꿈을 접어야 한다. 시청자가 둔하고 게을러 기자의 말귀를 알아듣지 못한다고 비난할 일이 아니다.

불필요한 단어(수식어), 사족을 없애야 한다. 형용사나 부사를 될 수 있으면 적게 쓰는 것도 방법이다. 아래 문장에서 밑줄이 쳐진 말은 없는 것이 깔끔하다.

• 힘겨운 사투 끝에 뭍으로 올라온 중국 선원은 안도의 한숨을 내쉽니다.
• 녹색교통을 내세우며 자전거 도로가 본격적으로 만들어지기 시작한 지 4년여가 다 돼가는데요. 사실상 유명무실한 곳이 많다는 지적이 많습니다.

• 이명박 대통령은 직접 서한을 보내 고인들의 넋을 기렸습니다.

② **없어도 좋은 '들'**

원칙적으로 셀 수 있는 명사 뒤에 접미사 '들'을 붙이면 간단하게 복수가 된다.

• 수입업체들이 미국산 쇠고기를 본격적으로 들여오고 있습니다.
• 로봇올림피아드에 참가한 어린이들이 진지한 표정으로 로봇을 조립하고 있습니다.

'들'은 명사뿐만 아니라 '그들처럼, 저들처럼'에서와 같이 대명사에도 붙는다. "많이들 먹어라" "잘들 논다" "TV 보고들 있어"처럼 때로는 부사나 동사 뒤에 붙기도 한다. 이 경우는 주어나 말을 듣는 사람이 복수라는 것을 전제로 한다. 심지어 복수가 될 수 없는 단어에까지 '들'을 붙인다. "수고들 하세요" "감기들 조심하세요"가 그런 예다.

이처럼 '들'은 약방의 감초처럼 쓰인다. 특히 영어식 표현에 익숙하게 되면서 '들'은 이곳 저곳에 등장하느라 바쁘다. 그러나 꼬박꼬박 '들'이 나와 오히려 문장을 어색하게 만드는 경우가 많다. 문맥상 복수임을 짐작할 수 있거나, 다른 어휘로 복수라는 것을 알 수 있을 때다. '들'을 들어내고 단수로 하는 것이 자연스럽다. 다음이 그런 예다.

• 영화관이나 놀이공원에서 신용카드로 할인받는 분들 많으시죠. 그런데 카드사들이 중소가맹점의 수수료를 낮춰주겠다고 나서면

서 줄어드는 수익을 메우기 위해 고객들에게 제공하던 각종 혜택을 줄이고 있습니다. 카드사들의 꼼수, OOO기자가 알아봤습니다.

- 올해로 15회를 맞이하는 '포이트리 아프리카' 축제에 참석한 스무 명의 시인들이 무대에 올랐습니다.

③ **중복을 피하자**

재미있는 얘기도 몇 번 들으면 싫증나는 법이다. 기사도 마찬가지다. 조금 전에 나왔던 단어가 또 나오면 시청자는 지루해하고, 기사의 신선도는 확 떨어진다. 같은 단어와 구절이 중복되는 것을 피하자. 한 문장에서는 물론이고 가까이 있는 문장에서도 마찬가지다.

신문이나 잡지의 기사를 유심히 보면 '말했다' '밝혔다' '강조했다' '주장했다' 등으로 동사가 바뀐다. '말했다'를 반복하지 않기 위해서다. 방송 뉴스에서도 마찬가지다.

- 최근 브라질에서는 건강한 삶을 지향하는 사람들이 늘면서 자전거 타는 시민들이 늘고 있는 추세입니다.

  ⇒ 최근 브라질에서는 건강한 삶을 지향하는 분위기 속에서 자전거 타는 시민이 늘고 있는 추세입니다.

- 베니스 국제영화제 남우주연상은 〈더 마스터〉의 주연인 호아킨 피닉스와 필립 세이모어 호프먼이 공동수상했습니다. 여우주연상은 〈필 더 보이드〉에 출연한 이스라엘 배우 하다스 야론이 수상했습니다.

⇒ 베니스 국제영화제 남우주연상은 〈더 마스터〉의 주연인 호아킨 피닉스와 필립 세이모어 호프먼이 공동수상했습니다. 여우주연상은 〈필 더 보이드〉에 출연한 이스라엘 배우 하다스 야론이 받았습니다.

• 태풍 이후 농산물 가격은 줄줄이 급등세입니다. 상추 1kg의 도매가격은 일주일 사이 두 배가 됐고 피망 가격은 27%나 급등했습니다.

⇒ 태풍 이후 농산물 가격은 줄줄이 급등세입니다. 상추 1kg의 도매가격은 일주일 사이 두 배가 됐고 피망 가격은 27%나 올랐습니다.

동일한 단어나 구절은 아니지만 의미가 중복되는 경우가 있다. 그러나 강조하기 위해 또는 의미를 부여하기 위해 되풀이한 것이 오히려 기사의 긴장감을 떨어뜨리는 역효과를 가져온다. 우리말과 한자어가 어울릴 때 흔히 나타나는 겹말은 자칫 한자어의 뜻도 모르고 글을 썼다는 인상을 줄 수 있다.

• 유력한 대통령 후보로 꼽히는 안철수 교수는 출마선언도 하지 않았고, 민주당 대통령 후보는 끝까지 완주할지조차 알 수 없습니다.

⇒ 유력한 대통령 후보로 꼽히는 안철수 교수는 출마선언도 하지 않았고, 민주당 대통령 후보는 완주할지조차 알 수 없습니다.

• 두산은 니퍼터, 삼성은 장원삼을 내세웠는데요. 두 에이스 투수

의 역투 속에 양 팀의 기싸움이 치열하게 진행됐습니다.

⇒ 두산은 니퍼트, 삼성은 장원삼을 내세웠는데요. 두 에이스의 역투 속에 양 팀의 기싸움이 치열하게 진행됐습니다.

④ 하지만 글은 흘러야 한다

문장은 짧을수록 명쾌하다. 문장 길이를 짧게 하고 군더더기 없는 문장이 좋다. 모든 일이 그렇지만 지나치면 좋지 않다. 간결함을 위해 지나치게 응축하면 문장이 딱딱해지고 뜻이 헛갈리기 쉽다. 굴비 두름 엮듯 명사나 명사구만 늘어놓으면 답답하고 이해하기 어렵다.

- 한국전력이 전기료 부과 체계 수정을 검토하고 있습니다.

  ⇒ 한국전력이 전기료 부과하는 체계를(매기는 방식을) 수정하는 것을 검토하고 있습니다.

- 수입차 업계는 중고차 판매가격 안정을 위한 조치를 마련하고 있습니다.

  ⇒ 수입차 업계는 중고차 판매가격을 안정시키기 위해 조치를 마련하고 있습니다.

- 법무부 장관은 국제적 기준에 맞는 관련 법령 정비와 실효성 있는 피해자 지원 방안 강구를 약속했습니다.

  ⇒ 법무부 장관은 국제적 기준에 맞게 관련 법령을 정비하고 실효성 있게 피해자를 지원하는 방안을 강구하겠다고 약속했습니다.

명사 사이에 조사 '의'를 넣는 경우가 많지만 이것도 번역투 문장이 되어 자연스럽지 않게 느껴진다. 이럴 때는 서술형으로 풀어 쓰면 된다.

- 갈비도 한우 산지 가격의 하락 추세에 영향을 받고 있습니다.
  ⇒ 갈비도 한우 산지 가격이 하락하는 추세에 영향을 받고 있습니다.
- 여대생의 완강한 저항으로 범행이 미수에 그쳤고, 범인 김씨는 도망쳤습니다.
  ⇒ 여대생이 완강히 저항해 범행이 미수에 그쳤고, 범인 김씨는 도망쳤습니다.
- 성범죄자는 사법당국의 지속적인 관리가 필요하다는 걸 단적으로 보여주는 사건입니다.
  ⇒ 성범죄자는 사법당국이 지속적으로 관리하는 것이 필요하다는 걸 단적으로 보여주는 사건입니다.

간결하게 쓰기 위해 명사만 나열하거나 명사형을 남용하다보면 기사가 딱딱해지고 자연스러움을 잃게 된다. 이럴 때는 부사와 동사 중심으로 풀어쓰는 것이 해결책이다.

인위적인 주가 조작을 하는 세력이
⇒ 인위적으로 주가를 조작하는 세력이
신속하고 충분한 보상이 이뤄지지 않은 데 대해
⇒ 신속하고 충분하게 보상받지 못한 데 대해

앞 문장보다 뒷 문장이 부드럽다는 것을 알 수 있다. 풀어 쓴다고 해서 글자 수가 그리 늘어나는 것도 아니다. '수식어+명사형+을(를) 하다'보다는 '부사어+동사' 형태가 더 우리말답다. 위의 공식에 딱 들어맞지는 않지만 부사어를 잘 활용하면 문장이 훨씬 더 매끄러워진다는 것을 아래 예문에서도 확인할 수 있다.

- 출산 장려를 위한 다양한 시책 추진에 160억 원을 투입합니다.
  ⇒ 출산을 장려하기 위해 다양한 시책을 추진하는 데 160억 원을 투입합니다.
- 성수품 가격이 전반적인 안정세를 보이고 있습니다.
  ⇒ 성수품 가격이 전반적으로 안정세를 보이고 있습니다.

'수식어+명사형' 뒤에 서술어를 잘못 쓰면 번역문 냄새가 풀풀 난다. 특히 '~이 이루어진다' '~을 가지다' '~을 필요로 하다'가 따라올 때가 그렇다.

- 발상의 전환을 필요로 합니다.→발상 전환이 필요합니다.
- 더 많은 시장왜곡을 가져올 수 있습니다.→시장을 더 왜곡할 수 있습니다.

실전 Q&A

Q 다음 문장을 자연스럽게 고치시오.

1. G20 회원국의 재무장관들과 주요 은행장들이 미리 모여서 경제위기를 막기 위한 해법을 논의한 게 G20 회의의 시초였습니다. 회원국은 미국·영국·프랑스·독일 등 경제 선진국들과 아르헨티나·브라질 같은 개발도상국들이 골고루 섞여 있습니다.
2. 팽팽하던 흐름을 깨는, 결정적인 한방을 날린 강봉규는 우승을 예감한 듯 베이스를 전력질주로 돌았습니다.
3. 이 회사는 매출 신장을 위한 다각적인 노력을 쏟고 있습니다.
4. 태안 주민들의 생활 터전 회복을 위해 최선을 다할 것입니다.
5. 오늘 남부지방은 대구와 전주·광주 30도 정도로 평년보다 약 2~3도 가량 높겠습니다.
6. 자금 유치를 위해 대학 총장을 지낸 인사를 회장으로 내세웠습니다.
7. 국회에서는 안철수 서울대 교수의 대선 출마 촉구 기자회견이 이어졌습니다.
8. 이번 대회는 각 조 여섯 개 팀씩 두조로 나눠 조별 리그를 진행한 뒤 각 조 상위 3팀이 크로스 토너먼트를 치르는 결선 라운드를 거쳐 순위 결정전과 결승전을 치릅니다.
9. 재판부는 범죄사실이 충분히 소명됐고 사안의 중대성과 범행 후 행적 등을 볼 때 도주 우려가 있다며 영장을 발부했고 OOO은 곧바로 구속 수감됐습니다.
10. 오바마 대통령은 롬니와 박빙 승부를 펼치는 상황에서, 감성에 솔직하게 호소하는 연설을 했습니다.
11. '광속 서브'로 유명한 미국의 테니스 스타 앤디 로딕이 현역에서 은퇴했습니다.
12. 초등학생을 무자비하게 성폭행한 OOO는 사전에 치밀하게 범행을 준비했습니다.

A

1. G20 회원국의 재무장관과 주요 은행장이 미리 모여서 경제위기를 막기 위한 해법을 논의한 게 G20 회의의 시초였습니다. 회원국은 미국 · 영국 · 프랑스 · 독일 등 경제 선진국과 아르헨티나 · 브라질 같은 개발도상국이 골고루 섞여 있습니다.
2. 팽팽하던 흐름을 깨는, 결정적인 한방을 날린 강봉규는 우승을 예감한 듯 베이스를 전력질주했습니다(또는 '온 힘을 다해 뛰었습니다').
3. 이 회사는 매출을 늘리기 위해 다각적으로 노력하고 있습니다.
4. 태안 주민들의 생활 터전을 회복하기 위해 최선을 다할 것입니다.
5. 오늘 남부지방은 대구와 전주·광주 30도 정도로 평년보다 2~3도 높겠습니다.
6. 자금을 모으기 위해 대학 총장을 지낸 사람을 회장으로 내세웠습니다.
7. 국회에서는 안철수 서울대 교수의 대선 출마를 촉구하는 기자회견이 이어졌습니다.
8. 이번 대회는 여섯 개 팀씩 두 조로 리그를 진행한 뒤 각 조 상위 3팀이 크로스 토너먼트를 치르는 결선 라운드를 거쳐 순위 결정전과 결승전을 치릅니다.
9. 재판부는 범죄사실이 충분히 입증된데다 사안이 중대하고 범행 후 행적 등을 볼 때 도주할 우려가 있다는 이유로 영장을 발부했습니다. OOO은 곧바로 구속 수감됐습니다.
10. 오바마 대통령은 롬니와 박빙 승부를 펼치는 상황에서, 감성에 호소하는 연설을 했습니다.
11. '광속 서브'로 유명한 미국의 테니스 스타 앤디 로딕이 은퇴했습니다.
12. 초등학생을 무자비하게 성폭행한 OOO는 치밀하게 범행을 준비했습니다.

자연스럽게, 장단에 맞춰

좋은 기사는 물 흐르듯 자연스러워야 한다. 시청자가 부지불식간에 기사에 끌려들어와야 하는 것이다. 그렇게 되려면 문장이 매끄러워야 하고 논리적으로 모순이 없어야 한다.

기사를 데스킹하다 보면 자연스럽지 않은 기사, 심지어 앞뒤가 어긋나는 기사와 심심치 않게 맞닥뜨린다. 상황을 자세히 설명하지 않거나 근거를 충분히 제시하지도 않고 성급하게 결론에 이르는 기사도 흔하다. 논리적으로 비약하는 기사는 설득력과 전달력이 떨어질 수밖에 없다.

어떻게 해야 할까? 기사를 쓴 뒤 몇 번이나 거듭 읽고 어색한 부분을 고치는 것 이외에는 방법이 없다. 시간이 있다면 가족이나 친구에게 기사를 보여 주고 부족한 것을 보완하는 것도 좋다. 창피하게 생각할 일이 아니다.

① 급을 맞추자

단어와 구절을 늘어놓을 때는 '급'이 맞아야 한다. 단어를 열거할 때는 같은 성격의 것으로, 구나 절을 나열할 때는 같은 구조로 이어야 한다는 뜻이다. 그렇지 않으면 문장이 딱딱해지고 제대로 흘러가지 못한다.

- 저고리에 치마를 입은 숙녀, 검은 교복과 모자를 쓴 학생이 다닙니다.

  ⇒ 저고리에 치마를 입은 숙녀, <u>검은 교복을 입고 모자를 쓴</u> 학생

이 다닙니다.

- 배가 암초와 충돌하면서 배에 타고 있던 불법 이민자 100여 명 중 50여 명이 구조됐고 시신 20구가 수습됐습니다.

  ⇒ 배가 암초와 충돌하면서 배에 타고 있던 불법 이민자 100여 명 중 50여 명이 구조됐고 20명이 숨진 채 발견됐습니다.

② 주어 따로 술어 따로

문장에서 주어는 머리고 술어는 다리다. 문장을 구성하는 주어·목적어·술어는 서로 맞아떨어져야 한다. 사람 머리엔 사람 다리가, 닭 머리엔 닭다리가 따라야 하는 것이다. 그러나 그렇지 않은 때가 많다.

- 김씨는 개발제한구역에서 비닐하우스를 지어 임대사업을 하는 것이 불법이라며 이씨를 경찰에 고발하겠다고 협박해 6700만원을 뜯은 협의입니다.

  (※사건을 보도하는 기사에서 흔히 볼 수 있는 문장이다. 그러나 주어 '김씨는'과 서술어 '혐의다'는 어울리지 않는다.)

  ⇒ 김씨는 개발제한구역에서 비닐하우스를 지어 임대사업을 하는 것이 불법이라며 이씨를 경찰에 고발하겠다고 협박해 6700만원을 뜯은 혐의를 받고 있습니다.

- 요즘 휴대폰 매장에 가시면 같은 크기의 스마트폰이라도 예전에 비해 화면 크기가 훨씬 커진 게 눈에 띄실 겁니다.

  ⇒ 요즘 휴대폰 매장에 가시면 같은 크기의 스마트폰이라도 예전에 비해 화면 크기가 훨씬 커진 걸 발견하실 겁니다.

• 아주대 의대 안영실 교수 팀이 성폭행을 당한 여성 12명의 뇌를 조사한 결과, 일반 여성과 다른 점이 발견됐습니다.

⇒ 아주대 의대 안영실 교수 팀이 성폭행을 당한 여성 12명의 뇌를 조사한 결과, 일반 여성과 다른 점을 발견했습니다.

③ 수식어와 피수식어는 가깝게

문장을 구성하는 요소를 갖췄다고 훌륭한 문장이 되는 것이 아니다. 제 위치에 있어야 의미가 제대로 전달된다. 자기 자리가 아닌 곳에 있으면 엉뚱한 오해를 불러 일으킬 수 있다. 한 가지 원칙을 기억해 두자. 관형어·부사어 등 수식어는 수식되는 말 가까이에 놓아야 한다는 것이다.

• 전남 영암의 한 조선업체에서 대형 공장 철문이 초속 33m의 강풍에 넘어졌습니다.

⇒ 전남 영암의 한 조선업체에서 공장의 대형 철문이 초속 33m의 강풍에 넘어졌습니다.

• 바람에 날려 위험을 초래하는 도로를 가로지르는 플래카드는 전혀 찾아볼 수 없습니다.

⇒ 도로를 가로질러 걸려 있어 바람이 불면 사고를 부를 수 있는 플래카드는 전혀 찾아볼 수 없습니다.

④ '화제'를 강요하지 말자

TV나 신문 등 대중매체는 시청자나 독자가 관심을 갖는 주제거나 알아 두어야 할 사안 등을 보도한다. 이건 미디어와 시청자·독자 간의 암묵적인 약속이자 기사 가치를 판단할 때의 대전제다. 그래서 새삼스럽게 '~이라는 중요한 사항을 발표했다'는 식의 군더더기를 넣을 필요가 없다. 중요하거나 눈길을 끄는 게 아니라면 보도하지 않아야 하기 때문이다.

'~해서 화제다(눈길을 끈다, 관심을 끈다, 주목된다)'류의 상투 어구도 가급적 쓰지 않는 것이 좋다. 촌스럽게 보인다.

- 북미 최대 영화제인 토론토 국제영화제에 북한의 로맨틱 코미디 영화가 출품돼 화제가 되고 있습니다.
  ⇒ 북미 최대 영화제인 토론토 국제영화제에 북한의 로맨틱 코미디 영화가 출품됐습니다.
- 최근 북한에서 농업개혁 움직임이 있는 가운데 농업을 총괄하는 농업상이 교체된 사실이 확인돼 주목되고 있습니다.
  ⇒ 최근 북한에서 농업개혁 움직임이 있는 가운데 농업을 총괄하는 농업상이 교체된 사실이 확인됐습니다.

⑤ 호들갑 떨지 말자

'~이나' '~에 불과하다' '무려' 등의 표현은 기자의 감정이나 의중을 은연 중에 드러냄으로써 객관적인 사실을 전달하는 것을 방해한다. 축구나 야구 경기를 중계방송 하는 것을 듣다보면 아나운서가 흥분해 시청자를 짜증나게 하는 경우가 있다. 기사에서도 마찬가지다. 기자가 호들갑을 떨거나 지나치게 기사에 몰입하는 경우다. 과장된 어법, 불필요하게 주의를 끌려는 어투를 삼가고 한 발짝 떨어져 차분하게 팩트를 제시하는 것이 좋다. 판단은 시청자의 몫이다.

- 정상 헬멧은 머리에 충격이 가해지는 정도가 기준치 이내인 반면, 중국산은 무려 2배 가까이 됩니다.

  ⇒ 정상 헬멧은 머리에 충격이 가해지는 정도가 기준치 이내인 반면, 중국산은 2배 가까이 됩니다.

실전 Q&A

Q 다음 문장을 자연스럽게 고치시오.

1. 가장 오래 일한 직장을 기준으로 할 때 근로자들이 퇴직하는 시점의 평균 연령은 고작 53세에 불과합니다.
2. LG전자는 이번 달 출시할 옵티머스G의 성패에 사활이 걸렸습니다.
3. OOO의원은 울먹이며 결백을 주장했지만, 국회 체포동의안이 통과되면서 구속은 수순이었습니다.
4. 독도 영해에 근접한 선박을 해경 경비함이 발견하고, 긴급보고와 동시에 저지에 나섭니다.
5. 담당 교사는 단순한 장난이었다고 사과했지만, 정직 처분을 받고 조사 중입니다.
6. 경찰은 숨진 여아의 몸에서 약 성분이 검출됐고, 얼굴에 멍자국이 있는 것으로 보아 추가 조사를 하고 있습니다.
7. 오늘 자외선지수는 전국적으로 '높음' 단계이고, 일부 서해안은 '매우 높음', 제주도는 '위험' 단계로 예상하고 있습니다.
8. 영화감독 래리 워쇼스키는 이전에도 성 정체성과 관련해 궁금증이 일었습니다.
9. 임 신임 총장은 서울대와 서울대 대학원에서 공학박사 학위를 받았습니다.

A

1. 가장 오래 일한 직장을 기준으로 할 때 근로자들이 퇴직하는 시점의 평균 연령은 53세입니다.

2. LG전자는 이번달 출시할 옵티머스G의 성패에 사활을 걸었습니다.

3. OOO의원은 울먹이며 결백을 주장했지만, 국회 체포동의안이 통과되면서 구속은 당연한 수순처럼 보였습니다.

4. 독도 영해에 근접한 선박을 해경 경비함이 발견하고, 긴급보고를 하는 것과 동시에 저지에 나섭니다.

5. 담당 교사는 단순한 장난이었다고 사과했지만, 정직 처분을 받은 뒤 조사받고 있습니다.

6. 경찰은 숨진 여아의 몸에서 약 성분이 검출됐고, 얼굴에 멍자국이 있는 것에 주목해 추가로 조사하고 있습니다.

7. 오늘 자외선지수는 전국적으로 '높음' 단계이고, 일부 서해안은 '매우 높음', 제주도는 '위험' 단계로 예상됩니다.

8. 영화감독 래리 워쇼스키는 이전에도 성 정체성과 관련해 논란이 일었습니다.

9. 임 신임 총장은 서울대 기계과를 졸업했으며 서울대 대학원에서 공학박사 학위를 받았습니다.

방송 뉴스 제작에서 유의할 점

명예훼손의 위험

언론중재위원회에 출석하라는 통지를 받아본 적이 있는 기자는 그 찝찝한 기분을 잘 알 것이다. 우선 내가 보도한 기사가 문제가 됐다는 것 때문에 자존심이 상한다. 한편으로는 내가 잘못한 것이 아닐까, 혹시라도 방송사에 누를 끼치지 않을까 눈치를 살피게 된다.

일단 기사가 문제에 휘말리게 되면 기자와 데스크는 피곤하다. 기사에 잘못이 없다는 것을 증명하기 위해, 또는 잘못이 있지만 그럴 수밖에 없다는 내용의 자료를 준비하는 데 많은 시간과 힘을 들여야 한다. 자연히 기자와 데스크는 위축될 수밖에 없고 일에 전념하기 어렵다. 이런 약점을 노려 불리한 기사가 나오면 일단 소송을 걸거나 언론중재위원회에 조정 신청부터 하는 악의적인 취재원도 있다.

그러나 문제가 되면 방어해야 한다. 그렇지 못하면 손해배상을 하거나 정정보도, 반론보도를 해야 한다. 문제가 된 뒤에 잘 대처하는 것도 중요하지만 미리 막는 것이 상책이다.

① 이름 밝힐까 말까

Q 2012년 8월 서울 대치동의 은마아파트 관리사무소가 우유·신문 배달원들이 엘리베이터를 사용하지 말라는 내용의 공고문을 아파트 곳곳에 부착했다. 부촌 아파트가 어려운 처지의 사람들에게 야박하게 군다는 내용으로 리포트를 제작하고 있는데 '은마아파트' 이름을 밝히면 명예훼손에 해당되지 않나?

A 명예는 사람에게만 있다. 사물이나 동물에게는 명예가 없으니 걱정하지 않아도 된다.

보도국에서 필자와 후배 기자가 주고받은 이야기다. 기자들은 '명예훼손'이라는 단어에 알레르기 반응을 보인다. 방송 뉴스로 인한 인격권 침해의 종류는 명예훼손, 초상권 침해, 사생활 침해 등 다양하지만 가장 흔한 것이 명예훼손이다. 2011년 언론중재위원회가 조정한 사건을 보면 명예훼손이 2030건, 초상권 침해 39건, 사생활 침해 24건, 성명권 침해 22건으로 명예훼손이 압도적으로 많다.

언론보도에 의한 명예훼손은 피해자의 사회적 평가를 떨어뜨릴 만한 구체적인 사실을 적시할 때 성립한다. 우선 기사로 말미암아 명예를 훼손당한 사람이 누구인지 드러나야 한다. 피해자가 없거나 불분명하면 명예훼손이 애초에 성립하지 않으니 기자로서는 걱정할 필요가 없다.

기자들도 이 정도는 안다. 범죄 피의자나 용의자를 김모씨·K씨 등으로 표시하는 것도 이 때문이다. 경찰에서 조사받는 사람의 얼굴을 옷으로 가리도록 하거나, 신문조서에서 피의자의 이름을 흐릿하게 처리하는 것, 음주단속에 적발된 운전자의 얼굴을 모자이크 처리하는 것 역시 같은 맥락이다.

법원도 '익명보도의 원칙'을 분명히 하고 있다. 범죄 자체를 보도하는 것이 중요한 것이지, 범인이나 범죄 혐의자의 신원을 굳이 명시할 필요가 없다는 입장이다.

그러나 이름이나 얼굴을 분명하게 드러내지 않더라도 문제가 될 수 있다. 보도내용을 종합해서 볼 때 주변의 사람이 누구인지 알아보면 피해자가 특정된 것으로 간주하기 때문이다. 대법원 판례도 두문자(頭文字)나 이니셜만 사용한 경우라도 내용을 주위 사정과 종합해 피해자를 알아차릴 수 있을 정도면 피해자가 특정됐다고 본다(대법원 2002.5.10. 선고 2000다50213 판결). 따라서 이름을 밝히지 않는다 하더라도 누구인지 알 수 있는 단서, 예를 들어 나이·주소·가족·직업이나 활동내용을 구체적으로 적시하면 안 된다. 희귀한 성(姓)이나 직업을 가진 사람을 보도할 때는 특히 조심해야 한다.

실명 보도가 항상 금지되는 것은 아니다. 판례는 국회의원, 장관, 국립대 교수, 도의원, 검사 등 공인(公人)의 범죄와 관련된 보도는 실명으로 보도하거나 얼굴을 노출하는 것을 허용하고 있다.

그럼 김길태, 강호순, 김영철, 조두순 등 흉악범의 이름과 얼굴을 밝히는 것은 어떻게 되나? 끔찍한 사건이 발생할 때마다 신문·방송사마다 서로 다른 기준을 적용해 시청자를 헛갈리게 한다.

이 질문의 답은 판례에서 찾을 수 있다. 대법원은 사회적으로 고도의 해악성을 가진 중대한 범죄나, 정치·경제·문화적 측면에서 비범성을 갖고 있어 공공의 이익과 연관성을 갖는 경우는 특별한 사정이 없는 한 공공의 이익이 더 우월하다고 보고 피의자의 실명을 공개해 보도하는 것을 허용한다(대법원 2009.9.10. 선고 2007다71 판결).

법원은 피의자의 실명을 공개해도 되는지를 비교형량(比較衡量)의 원칙으로 설명한다. 실명을 보도함으로써 얻어지는 공공의 이익과 원고의 명예나 사생활의 비밀이 유지됨으로써 얻어지는 개인의 이익을 비교해 전자의 이익이 후자의 이익보다 우월하다고 인정될 때 공개하는 것이 정당하다고 본다(대법원 1998.7.14. 선고 96다17257 판결 등).

그러나 실명 보도의 기준은 일률적으로 정해진 것이 없다. 법원은 범죄 사실의 내용 및 태양(態樣), 범죄 발생 당시의 정치·사회·경제·문화적 배경과 그 범죄가 미치는 영향력, 피의자의 직업과 사회적 지위·활동 또는 공적(公的) 인물로서의 성격, 범죄사건 보도에 피의자의 특정이 필요한 정도, 개별 법률에서 피의자의 실명 공개를 금지하고 있는지 등을 종합해 결정한다.

生生 tip

익명으로 보도하는 것이 원칙이지만 무조건 익명으로 처리하는 것도 문제가 있다. 서울의 S대, K기업이라고 할 때같은 이니셜의 다른 S대, K기업이 시청자의 의심을 받을 수 있기 때문이다. 따라서 합리적 의심이 간다면 해당 대학 · 기업의 이름을 정확히 밝히는 것이 마땅하다.

② 집단표시에 의한 명예훼손

> 공무원 시험 경쟁률이 1백대 1을 기록하는 이면에는 공무원의 본봉은 비록 적지만 수당이 32가지나 되기 때문이라는 내용의 리포트를 내보냈다. 뉴스를 본 열혈 9급 공무원 박모(34)씨가 언론중재위원회에 반론보도를 신청했다. 잘못된 보도로 공무원의 명예가 떨어졌다는 것이다. 다행히 신청인이 조정 신청을 철회해 사건은 마무리됐다.

기사에서 개인의 이름을 밝히지 않았는데도 자신이 그 집단의 일원이기 때문에 명예가 훼손됐다고 주장한 사례다. 이른바 집단표시에 의한 명예훼손임을 주장한 것이다. 판례는 구성원 수가 적거나 주위 정황 등에 비춰 집단 내 개별 구성원을 지칭하는 것으로 여겨질 수 있을 때 비록 개인의 이름을 거론하지 않더라도 개별 구성원이 피해자가 된다고 본다(대법원 2006.5.12. 선고 2004다35199 판결 등).

그러나 구성원 수가 많으면 명예훼손의 가능성은 낮아진다. 명예훼손의 내용이 그 집단에 속한 특정인에 대한 것이라고 해석되기 힘들고, 집단표시에 의한 비난이 개별 구성원에 이르러서는 비난의 정도가 희석돼 구성원 개개인의 사회적 평가에 영향을 미치지 않기 때문이다. 설령 명예훼손적인 내용의 보도에 집단의 명칭을 표시했다 하더라도 구성원 개개인에 대한 명예훼손이 성립되지 않는다.

집단의 구성원이 얼마나 되면 집단표시에 의한 명예훼손에서 기자가 자유로울 수 있을까? 법원의 판례를 살펴보자.

'제주 4·3사건 희생자 1만 3564명은 폭도이며, 4·3 평화공원은 폭도공원'이라는 내용으로 목사가 강연한 것과 관련해 희생자와 유족 등 97명이 명예훼손에 의한 손해배상청구 소송을 낸 사건에서 1심 법원은 집단표시에 의한 명예훼손(제주지법 2010.4.8. 선고 2008가합1800, 2009가합2718 판결)을 인정했다. 희생자들을 직접 거명하거나 일일이 지적하지 않았다고 하더라도 희생자와 유족이 명예훼손의 피해자로 특정됐다고 본 것이다.

그러나 항소심은 판단을 달리했다. 강연의 취지가 제주 4·3사건 진상조사보고서가 이념적으로 편향되게 작성됐다는 것으로 희생자 1만 3564명 모두를 폭동에 가담한 폭도로 표현한 것으로 볼 수 없다고 판결했다(광주고법 2011.9.21. 선고 2010나509, 2010나516 판결).

대전 법조비리 사건과 관련, 검사들이 사건을 소개해주는 대가로 돈을 받거나 변호사의 요구대로 사건을 부당하게 처리했다고 보도한 것에 대해 법원은 검사의 이름을 적시하지 않았어도 해당 집단에 속하는 구성원 모두의 명예를 훼손했다고 판시했다. 당시 대전지검 검사는 25명이었다.

충북지방경찰청 기동수사대가 윤락범죄를 수사하면서 피의자들을 폭행하고 성추행에 가까운 몸수색을 했다는 내용을 보도하자 해당 부서 소속 경찰관 21명이 소송을 냈다. 법원은 21명에 불과한 기동수사대 소속 경찰관 전체의 명예가 훼손됐다고 인정했다(대법원 2006.5.12. 선고 2004다35199 판결).

生生 tip

"다 줄 생각을 해야 하는데 그래도 아나운서 할 수 있겠느냐?"고 말해 한국아나운서연합회와 여성 아나운서들로부터 소송당한 강용석 전 한나라당 의원에 대한 손해배상청구 소송에서 법원은 명예훼손을 인정하지 않았다.

서울 남부지법 민사15부는 2011년 11월 "강 의원이 대학생과의 저녁 자리에서 여성을 비하한 사실은 인정되지만, 아나운서 개개인이 발언의 피해자로 지칭됐다고 볼 수 없다"며 위자료 지급 청구와 손해배상청구를 모두 기각했다. 재판부는 "대한민국에서 활동하는 여자 아나운서가 적어도 700~800명에 이를 것으로 보이는데, 아나운서라는 집단 명칭을 언급한 것이 그 안에 포함된 개개인을 특정했다고 보기에는 그 수가 지나치게 많다"고 설명했다. 또 "집단을 지칭해 발생한 명예훼손은 집단의 크기와 성격, 집단 내 피해자들의 지위 등을 고려해야 하는데, 피고의 발언으로 아나운서 개개인이 피해자로 지칭됐다고 볼 수 없다"고 덧붙였다. 집단표시에 의한 명예훼손은 그 내부에 있는 개개인을 특정한 것이 명백한 때 인정된다는 것이다.

그러나 이 판결은 모욕죄가 성립한다고 보고 강 전 의원에게 징역 6월, 집행유예 1년을 선고한 형사사건 판결과 엇갈린다. 형사 재판부는 "공중파 아나운서들은 방송을 통해 항상 대중에 노출되어 있기 때문에, 일반인들이 여성 아나운서를 볼 때마다 강 의원의 발언을 떠올릴 수 있다"고 판시했다.

명예훼손에 앞서는 언론의 책무

"도대체 기사를 쓰란 말이냐, 쓰지 말란 말이냐!"

명예훼손의 위험성이 곳곳에 도사리고 있다는 것을 알고 나면 기자들은 이런 푸념을 한다. 초등학생도 아는 것이 기사를 6하원칙에 따라 써야 한다는 것이다. 기사에서 가장 중요한 것이 '누가'다. 같은 사건이라도 장삼이사(張三李四)가 범인이라면 기사가 안 되지만 유명인이라면 사정은 달라진다. 그런데 '누가'를 함부로 드러내면 안 된다니….

여기에다 수사권도 없는 기자가, 그것도 제한된 시간에 마감시간까지 완벽하게 기사를 쓰는 것은 애초 불가능에 가까운 일이다. 게다가 사건은 시간이 지남에 따라 변화하는 것이 아닌가? 취재 당시에는 틀림없다고 생각하고 쓴 기사도 나중에 보면 허점이 많다. 완전한 기사, 무결점의 기사는 이론적으로만 존재한다고 할 수 있다. 취재한 조각을 퍼즐 맞추듯 해서 보도하는 것이 기자의 숙명이다. 오보는 불가피하고 그에 따른 명예훼손도 피하기 힘들다.

① 공공성, 진실성, 상당성

그렇다고 기죽을 필요는 없다. 위법성 조각(阻却)사유가 방파제 역할을 하기 때문이다. 위법성 조각사유란 언론보도로 명예를 훼손한 경우에도 위법성이 없는 것으로 보아 책임을 지지 않는 요건을 말한다. 타인의 명예를 훼손한 경우에도 그것이 공공의 이해에 관한 것으로 그 목적이 오로지 공공의 이익을 위한 것이고(공공성), 그 내용이 진실하거나(진실성), 진실이라고 믿을 상당한 이유가 있으면(상당성) 면책된다(대법원 1998.5.8. 선고 96다36395 판결).

먼저 공공성이다. 보도의 주요 목적이나 동기가 공공의 이익을 위한 것이라면 부수적으로 사익적 목적이나 동기가 내포돼 있더라도 무방하다는 것이 대법원의 판단이다. 사안 자체의 공공성만 인정되면 보도의 공정성이 부정되는 일은 좀처럼 없다.

법원은 신문이나 방송이 범죄사건을 보도하는 것을 공공성이 있는 것으로 인정하고 있다(대법원 1998.7.14. 선고 96다17257 판결 등). 범죄 행태를 비판적으로 조명하고, 범죄가 발생하는 사회·문화적 배경을 밝히고, 대책을 강구하도록 하는 등 여론 형성에 필요한 정보를 제공하는 언론의 사회적 역할을 인정하는 것이다.

둘째, 진실성이다. 여기서 진실한 사실이라고 하는 것은 내용 전체의 취지를 살펴볼 때 중요한 부분이 객관적 사실과 합치되는 사실이라는 의미다. 세부 사항이 진실과 약간 차이가 나거나 다소 과장된 표현이 있더라도 문제되지 않는다(대법원 2002.1.22. 선고 2000다37254, 37531 판결).

'중요한 부분이 객관적 사실과 합치되는지'는 사안에 따라 다를 수 있다. 뇌물 사건에서 민원인이 공무원에게 어떤 방법으로 뇌물을 건넸는지는 중요한 부분이 아닐 수 있다. 중요한 것은 뇌물을 줬는지 여부이기 때문이다. 그러나 특정인에게 정치자금을 줬다는 보도라면 돈을 구체적으로 누구에게 건넸는지가 중요한 부분이 될 수 있다.

셋째, 상당성이다. 기자가 보도 내용을 진실이라고 믿을 만한 상당한 이유가 있는지가 관건이다. 진실임을 입증하기란 쉽지 않기 때문에 소송이나 언론중재위원회의 조정 과정에서 기자나 언론사는 '상당성'에 의지하는 경우가 많다. 법원은 기사의 성격, 취재원의 신빙성, 사실 확인의 용이성 등을 종합해 기자가 보도내용을 믿을 수밖에 없는 상황이었는지를 따진다. '상당한 이유'를 인정받기 위해서 기자가 보도내용의 의문점을 해소하기 위해 최선을 다했다는 것을 증명해야 한다. 권위있는 기관에 실험을 의뢰한다든지, 제보자의 말에만 의존하지 않고 다양한 취재원을 대상으로 취재하는 등 객관적이고도 합리적인 자료나 근거를 확보하기 위해 노력했느냐가 중요하다.

법원은 검찰·경찰·국세청 등 국가기관이 발표한 보도자료를 바탕으로 보도한 경우 상당성을 인정한다. 1998년의 '포르말린 통조림' 사건이 대표적인 사례다. 번데기 통조림에 인체에 유해한 포르말린을 섞었다는 내용이 보도되면서 업체들은 영업에 큰 타격을 입었다. 업체들은 형사사건에서 무죄판결을 받은 뒤 언론사와 국가를 상대로 손해배상청구 소송을 냈다. 그러나 언론사들은 결과적으로 오보를 냈지만 상당성을 인정받아 책임지지 않았다. 검찰의 공식 수사발표를 기초로 보도한 이상, 그 진위를 별도로 조사·확인하는 과정을 거치지 않고 보도했다 하더라도 보도내용이 진실하다고 믿은 데 상당한 이유가 있다고 본 것이다(대법원 2003.10.9. 선고 2003다24390 판결).

그러나 기자가 비공식적인 경로를 통해 입수한 내부 문건이나 담당자를 만나 얻은 정보를 바탕으로 기사를 작성해 오보가 된 경우, 법원은 언론의 책임을 감면해주지 않는다.

② 공인과 사인

실명 보도와 관련해 우리 법원은 공인(公人)과 사인(私人)을 구분함으로써 기자와 언론사의 숨통을 틔워주고 있다. 비록 '공인(public figure)이론' 또는 '현실적 악의(actual malice)이론'을 채택하지는 않지만 공인과 관련된 보도의 경우 사인과 관련된 보도보다 언론의 자유를 더 인정하고, 공인의 인격권과 언론의 표현의 자유가 충돌할 때 언론자유를 상위가치에 둔다.

공인과 관련된 범죄 보도를 국민의 관심사로 인정하고, 언론이 공인의 실명이나 얼굴을 노출하는 것을 허용하는 것도 이런 연장선 위에 있다. "피의자가 갖는 공적 인물로서의 특성과 그 업무 내지 활동성과의 연관성 때문에 일반 범죄로서의 평범한 수준을 넘어서서 공공에 중요성을 갖게 되는 경우는 특별한 사정이 없는 한 피의자의 실명을 공개해 보도하는 것을 허용한다"(대법원 2009.9.10. 선고 2007다71 판결).

또 공인의 사생활과 관련된 보도를 공공의 이해와 관련된 것으로 보고, 표현내용이나 방법이 현저히 부당한 것이 아니면 언론에 책임을 묻지 않는다(대법원 1996.4.12. 선고 94도3309 판결 등).

법원의 이런 입장은 공인에 대한 감시와 견제가 언론의 중요한 역할임을 인정하는 데서 출발한다. 공직자의 도덕성·청렴성이나 업무처리와 관련된 내용일 때는 공직자에 대한 감시와 비판이라는 언론의 영역이 좁아지도록 경계선을 함부로 설정해서는 안 된다는 의미다.

그럼 누가 공인인가? 네 가지 범주로 나눌 수 있다. 먼저 정치인이다. 대통령에서 시작해 장·차관, 전·현직 국회의원, 국회의원 후보, 지역자치체 장, 시·도의원, 정당의 고위 인사 등이 포함된다. 둘째 공무원·공직자다. 검사, 세무 공무원, 국립대 교수, 감사원 국장, 면장 등이 여기에 속한다. 셋째 경제·사회 지도자로 대기업 회장, 시민단체 임원, 목사, 언론사 간부, 방송국 앵커, 대통령 주치의, 대통령 조카 등이다. 넷째 연예인, 스포츠 선수로 영화배우, 탤런트, 가수, 모델, 미스 코리아, 프로야구 선수 등이다.

生生 tip

공인과 관련된 명예훼손에서 약방의 감초처럼 등장하는 것이 '현실적 악의(actual malice)' 이론이다. 1964년 미국 연방대법원은 '뉴욕타임스 대 설리번(New York Times vs Sullivan) 사건'에서 공인의 경우 현실적 악의를 입증해야만 명예훼손에 의한 손해배상을 받을 수 있다는 판결을 내렸다. 현실적 악의란 보도한 내용이 허위임을 알거나, 혹은 진실이 아니라고 믿을 만한 충분한 근거가 있었음에도 불구하고 기자가 사실 확인을 소홀히 한 채 보도하는 것을 말한다.

일반적인 명예훼손 소송에서는 보도의 진실성이나 허위성에 대한 입증 책임이 언론사에 있다. 피해자는 보도로 인해 자신의 명예가 훼손되었음을 입증하기만 하면 된다. 보도가 진실한지, 허위인지를 증명하는 것은 언론사의 몫이다. 그러나 현실적 악의 이론에 따르면 입증 책임이 공인에게 있다.

미국에서는 현실적 악의 이론에 따라 공인의 인격권과 언론의 표현의 자유가 충돌할 경우 언론 자유를 더 우월적인 기본권으로 인정한다. 그러나 한국 법원은 이 이론을 채택하지 않고 있다.

촬영 동의의 문제

결혼정보와 관련된 뉴스에서 결혼식을 앞둔 여성이 머리를 손질하는 장면을 3초 내보냈다. 이 여성은 방송사가 허락받지 않고 자신의 초상을 사용해 피해를 입었다며 정정보도와 함께 500만원을 손해배상하라며 언론중재위원회에 조정을 신청했다.

방송사가 휴대전화 기본료 인하를 보도하면서 길 가던 시민의 모습을 10여 차례 자료화면으로 사용했다. 이 시민은 초상권이 침해당했다는 이유로 2000만원을 지급하라며 방송사를 상대로 손해배상을 청구했다.

언론중재위원회는 두 사건에서 모두 방송사의 잘못을 인정했다. 피해자 입장에서 볼 때 자신이 동의하지 않았는데 얼굴이 방송에 나오는 것이 즐거울 리 없을 것이다.

방송사가 설 연휴 실시간 교통상황을 보도하면서 고속도로 요금소 직원이 일하는 장면을 3초 방영했다. 그러자 이 직원은 초상권이 침해되고 명예가 훼손됐다는 이유로 5000만원의 손해배상청구 소송을 법원에 냈다. 주위 사람들에게 알리고 싶지 않았던 자신의 직업이 노출됨으로써 정신적 피해를 입었다는 것이 이유다.

법원은 어떤 판결을 내렸을까? 1심 법원은 원고 패소 판결을 내려 언론사의 손을 들었다. 문제가 된 방송보도가 귀성길 교통상황을 알려주는 정보전달형 기사로서 부정적 내용이 아니며, 원고의 얼굴을 포함한 상반신이 근접촬영됐으나 방송보도 1분 12초 중 3초에 불과하다는 것이 이유였다. 밝은 표정으로 자신의 업무를 수행하고 있는 모습이 불쾌감을 느낄 만한 장면이 아니어서 위법한 것으로 보기 어렵다고 덧붙였다(부산지법 2009.9.22. 선고 2009가단23128 판결).

그러나 2심 재판부는 1심 판결을 뒤집었다. 초상권 침해를 인정하면서 "방송사는 원고에게 100만원을 지급하라"며 원고 일부 승소 판결을 내렸다(부산지법 2010.3.26. 선고 2009나18455 판결). 프로그램 중 원고의 초상을 넣지 않으면 안 되는 필연성이나, 초상을 촬영할 때 미리 원고의 동의를 구하는 절차를 생략할 정도의 긴급성이 보이지 않는다는 점을 강조했다. 또 원고가 직업상 고속도로 이용자들에게 모습이 노출된다고 해서 함부로 촬영해 방송에 내보내는 것과는 다른 문제라고 봤다. 원고의 얼굴을 모자이크나 흐리게 처리해 누구인지 식별하지 못하게 할 수 있는데도 그대로 방영한 것도 문제라고 지적했다. 다만 명예훼손과 관련해서는 도로공사 직원으로서 요금 징수 업무를 하는 장면이 사회적 평가를 저하시키는 사실의 적시에는 해당되지 않는다며 인정하지 않았다.

기자 입장에서 항소심 재판부의 판결은 받아들이기 어렵다. 촬영장소가 사적(私的) 공간이 아니고, 몰래 촬영한 것도 아니며, 부정적인 내용도 아니기 때문이다. 모자이크 처리하는 것이 기술적으로 불가능하지는 않지만 생방송 뉴스에서 모자이크를 하면 방송 효과가 크게 떨어진다. 현실을 도외시한 '탁상 재판'이라고 할 수 있다.

TV 뉴스에서 시민들의 동작·표정을 스케치하는 것은 기본이다. 날씨가 좋으면 공원이나 길거리에 나온 시민들의 밝은 표정을 내보내고, 비나 눈이 오면 종종 걸음으로 퇴근하는 시민들의 표정을 담는다. 집회나 시위를 보도할 때도 참가자들의 역동적인 모습이 없는 뉴스란 생각하기 어렵다. 하지만 초상권에 대한 일반의 관심이 높아지면서 기자와 데스크는 긴장하지 않을 수 없다.

불특정 다수를 촬영할 때도 초상권을 침해하지 않도록 조심해야 한다.

초상권은 자신의 초상이 갖는 인격적·재산적 이익을 말한다. 함부로 촬영 또는 작성되지 않고, 촬영된 사진이나 작성된 초상이 함부로 공표·복제되지 아니하며, 초상이 함부로 영리 목적에 이용되지 않을 권리를 포함한다. 얼굴 뿐만 아니라 독특한 헤어스타일·발·뒷모습 등 다른 사람과 구별되는 신체적 특징까지 초상의 개념에 포함된다. 성형외과가 환자의 코 사진을 본인의 동의 없이 방송 뉴스에 내보낸 사건에서 법원은 "피해자의 코 사진은 그 형태가 특이하게 변형돼 사회 통념상 피해자임을 알 수 있는 신체적 특징이어서 초상권의 보호 대상"이라고 판시한 바 있다(서울중앙지법 2010.9.9. 선고 2010나23226 판결).

초상에 대한 처분은 초상권자 개인의 결정에 달려 있다. 따라서 얼굴을 촬영하려면 당사자의 허락을 받아야 한다. 허락받지 않고 몰래 찍으면 '도촬(盜撮)'이 된다. 초상권 침해가 당사자의 고통이 수반할 때 성립된다고 생각하면 오산이다. 명예훼손과 달리 좋은 내용이더라도 문제가 될 수 있다.

초상권 침해로 인한 문제를 막기 위해서는 촬영할 때 촬영 의도와 용도를 설명하고 본인의 동의를 받아야 한다. 전화 여론조사를 하는 사람을 촬영하면서 직장 상사의 동의만 받은 것은 동의받지 않은 것으로 법원은 본다. 유치원생이나 학생 등 미성년자를 촬영하려면 부모의 동의가 필요하다. 동의를 받지 않았거나 동의 범위를 넘을 경우에는 모자이크 처리를 하거나 음성변조를 확실하게 해 당사자가 드러나지 않도록 해야 한다.

본인의 동의를 받고 촬영한 경우에도 약속을 지키지 못하거나, 동의 범위를 넘어 화면을 사용하면 문제가 된다. 다음은 소송에서 방송사가 패소한 예들이다.

브로커를 통해 부당하게 실업급여를 받았다는 사람의 제보를 받고 방송사가 취재해 뉴스에 내보냈다. 제보자가 신분이 노출되는 것을 꺼려 뉴스에서는 얼굴이 정면과 옆으로 나올 때 모자이크 처리했다. 하지만 뒷모습은 모자이크 처리를 하지 않았고, 음성도 변조하지 않았다.

재미있는 신입생 환영회를 취재한다고 대학생들에게 승낙을 받아 취재했다. 그러나 정작 신입생 환영회의 문제점을 고발하는 내용에 취재한 화면을 사용했다.

유방 수술의 문제점을 보도하면서 취재원의 신분이 드러나지 않도록 하겠다고 약속했다. 하지만 정작 방송에서는 옆모습 윤곽을 드러냈고 음성을 변조하지 않았다.

문제는 취재 현장에서 동의받을 여유가 없거나 동의를 받는 것이 현실적으로 쉽지 않을 때다. 서울광장 인파에 묻혀 '대한민국~'을 외치며 축구 국가대표팀을 응원하는 연인, 추석 때 KTX를 타고 고향으로 출발하면서 차창으로 손을 흔드는 귀성객, 방학식을 하고 한꺼번에 즐겁게 교문을 뛰어나오는 초등학생들, 진해 군항제를 즐기는 수 만 인파…. 이들에게서 어떻게 동의를 받는단 말인가?

실전 Q&A

집회 · 시위 참여자도 초상권을 주장할 수 있을까?

2009년 6월 '6월 항쟁 계승 · 민주회복을 위한 범국민대회'가 열린 서울시청 앞 광장에서 경찰과 대치한 군중 속에서 주먹으로 때리려 하는 듯한 모습이 담긴 사진이 인터넷과 신문을 통해 보도되자 당사자가 초상권 침해를 이유로 소송을 냈다.

이에 법원은 "언론사가 사전 동의없이 사진을 촬영해 게재한 것은 특별한 사정이 없는 한 초상권을 침해한 것이 된다"고 전제했다. 피해자가 공개된 장소에 있었다는 이유로 초상권 침해가 정당화 될 수 없다는 뜻이다(대법원 2006.10.13. 선고 2004다16280 판결).

그러나 "공공장소에서의 집회 시위란 본질적으로 참가자들이 자신의 의사를 널리 일반에 알리기 위한 것이고, 보도의 자유 역시 언론의 자유에 관한 헌법 제21조에 따라 보장되는 헌법상의 권리인 점 등을 고려할 때, 공공장소에서의 집회 시위 현장에서 사진을 촬영해 보도하는 행위는 왜곡된 사실을 전달하거나 특별히 피촬영자를 모욕하거나 비방할 목적으로 이루어진 경우가 아닌 한 면책된다"고 판시했다(서울중앙지법 2010.1.27. 선고 2009가합81994 판결).

생생한 화면, 현장의 유혹

TV 뉴스의 승부는 현장을 얼마나 생생하게 보여주느냐에 따라 갈린다. 신문 기사와 달리 TV 뉴스는 장황하게 설명할 필요가 없다. 압도하는 한 컷의 영상은 중언부언하는 설명을 압도한다. 좋은 영상은 시청자가 마치 현장에 있는 것처럼 실재감과 현장감을 느끼게 하면서 시선을 화면에 고정하도록 한다. 태풍이 거세게 몰아치는 장면, 대형 교통사고 또는 화재, 시위장면을 생각하면 쉽게 이해할 수 있다.

촬영기자는 물론이고 취재기자도 다양하고 생생한 화면을 확보하는데 촉각을 곤두세운다. 기사를 잘 쓰는 것 못지 않게 화면을 구하는 것이 중요하다. 기자가 현장에 도착했을 때 사건사고가 '현재진행형'이면 영상에 대한 부담이 줄어든다. 그러나 사건 현장이 말끔히 치워지고,

당사자들이 현장을 떠났으면 난감해진다. 그렇다고 포기해서는 안 된다. 현장을 지켜본 CCTV가 있을 가능성이 높다. 사실 현대인의 삶은 CCTV에 포위됐다고 할 만큼 도처에 CCTV가 설치돼 있다. 정부나 도로공사 등의 기관은 물론 아파트나 빌딩의 관리사무소를 찾아 CCTV를 확보하는 것은 취재의 ABC다. 지방자치단체는 주요 도로와 골목에 방범이나 교통정보를 수집하기 위해 CCTV를 운영한다. 버스와 택시의 블랙박스도 사고 순간을 알고 있다. 소방서 구조대원들은 대형사건이 터지면 동영상을 촬영한다. 평범한 시민도 휴대전화만 있으면 쉽게 녹화할 수 있다. 다양한 방법으로 영상을 확보하는 것이 중요하다.

시청자가 휴대전화로 찍은 화재 장면

용의자 검거 CCTV 화면

생생한 화면이 좋다고 해서 여과없이 사용해서는 안 된다.

살인 사건을 보도하면서, 음식점에서 처남이 매형을 각목으로 내려치고 쓰러져 있는 피해자를 발과 주먹으로 구타하는 장면이 담긴 CCTV 화면을 일부 모자이크 처리해 방송했다. 이 방송사는 시청자에게 사과하고 해당 프로그램 관계자를 징계했다.

> 서울의 한 버스 정류장에서 발생한 교통사고를 보도하면서, 행인이 눈길에 미끄러진 버스와 가로등 사이에 끼여 사망하는 장면이 촬영된 CCTV 화면을 방송했다. 방송통신심의위원회는 이 프로그램에 '주의' 결정을 내렸다.

위의 사례에서 보듯 시청자에게 지나친 충격이나 불안감·혐오감을 줄 수 있는 내용을 방송해서는 안 된다. 총기·살상 도구 등을 이용해 잔학하게 살상하는 장면이나 직접적으로 신체를 훼손하는 장면도 피해야 한다. 자살 장면을 직접적으로 묘사하거나 자살 방법을 암시하는 표현도 마찬가지다. 예를 들면 부자(父子)의 투신 자살 사건을 보도하면서, 다리에서 뛰어 내리는 모습 등 시청자에게 충격을 줄 수 있는 내용을 방송해서는 안 된다.

生生 tip

신문의 사례이긴 하지만 TV도 자유롭지 못하기는 마찬가지다. 한 일간지의 2012년 7월 19일자 1면에 '해운대의 성난 파도… 오늘 태풍 카눈 수도권 관통' 제목으로 사진이 실렸다. 그러나 이 신문은 하룻만에 사고(社告) 형식의 기사를 빌어 독자에게 사과했다. 사진 기자가 부산 해운대 일대에서 태풍 취재에 나섰지만 사진 상태가 좋지 않아 3년 전 같은 장소에서 찍었던 사진을 본사에 전송했다고 해명했다. 무사히(?) 넘어갈 수도 있었으나 2년 전 철거된 아파트가 배경으로 나오는 바람에 독자의 예리한 눈을 피하지 못했다.

몰래 카메라

몰래 카메라의 시작을 굳이 찾자면 사진이 아닐까 싶다. 초창기의 사진은 초상화처럼 모든 피사체가 화면을 응시했다. 시간이 점차 지나면서 사진은 카메라를 의식하지 못하는 사람들을 찍기 시작했고 그것을 정형화한 것이 사진작가 앙리 까르띠에 브레송이다. 브레송은 이렇게 얻은 장면들에 '결정적 순간'이라는 표현을 사용했고, 노골적이고 솔직한 사진이라는 뜻의 캔디드 포토(candid photo) 유행을 주도했다.

보는 사람에 따라 달라질 수 있지만 몰래 카메라는 크게 두 갈래로 나눌 수 있다. 공익적인 몰래 카메라와 비공익적이고 불법적인 몰래 카메라가 그것이다. 공익적인 몰래 카메라가 되려면 몰래 카메라에 찍히는 피사체의 피해보다 일반 시민에게 돌아가는 공적인 이익이 더 커야 한다. 그런데 이것이 어려운 문제다. 공적인 이익이 얼마나 큰지 결정해 주는 기관이 있는 것도 아니고, 법에 구체적으로 나와 있는 것도 아니다. '코에 걸면 코걸이, 귀에 걸면 귀걸이' 식이다. 따라서 몰래 카메라를 쓰기 전에는 한 번 더 고민해야 하고, 가급적 사용을 줄이고 최소화해야 한다.

① 몰래 카메라의 폐해

초창기 몰래 카메라는 화면을 촬영할 때보다 녹취를 수집하기 위해 많이 사용됐다. ENG 카메라를 꺼놓은 것처럼 취재원을 안심시킨 뒤 필요한 녹취를 녹음하고 화면은 취재원의 다리나 탁자 등을 찍는 것이 일반적이었다. 그러다 장비가 좋아지면서 몰래 카메라로 찍은 장면이 뉴스 화면에 사용되기 시작했다. ENG 카메라에 비교되지 않을 정도의 작은 카메라를 가방 속에 숨겨 넣어 환경 오염이나 불법·탈법 현장을 촬영해 방송 뉴스에 내보내는 것이다. 몰래 카메라를 이용해 촬영하는 경쟁이 벌어지면서 방송사들은 더 강하고 더 예민한 부분을 몰래 카메라로 촬영하기 시작했다.

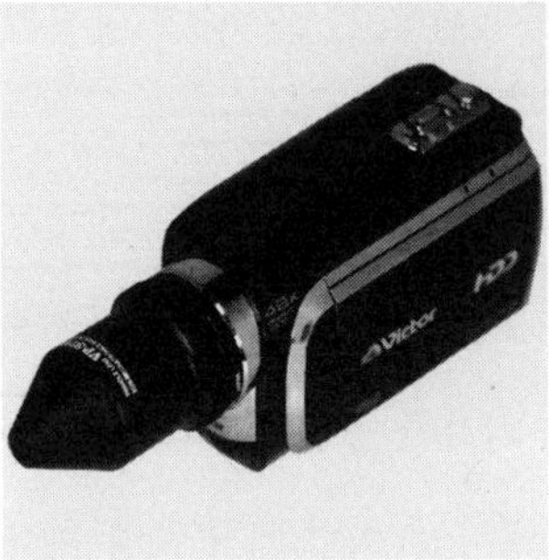

렌즈 부분을 작게 만든 초창기 몰래 카메라

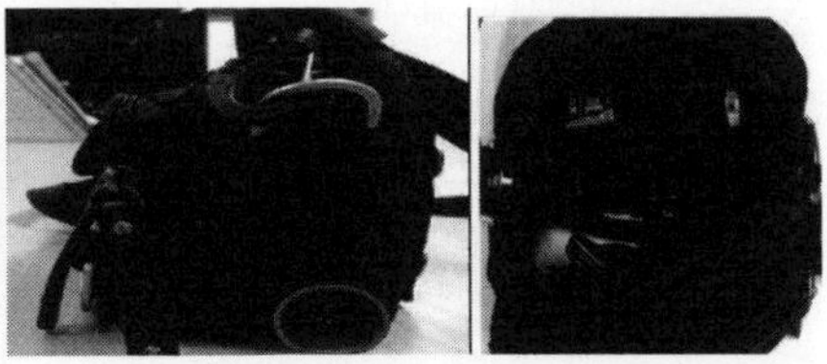

가방에 몰래 넣어 사용하는 몰래 카메라

몰래 카메라의 폐해도 만만치 않다. ENG 카메라를 사용해도 되는데도 굳이 몰래 카메라를 사용해 현장감을 억지로 높이려는 것이 대표적이다. 취재원이 몰래 카메라인줄 알면서 역이용하기 위해 취재에 응하는 경우도 있다. 이런 일이 빈번하게 발생해 법적인 다툼까지 벌어지자 각 방송사와 촬영기자 협회가 앞장 서 몰래 카메라 사용을 자제하기로 결정했다.

하지만 매체가 늘면서 경쟁이 치열해지자 몰래 카메라가 다시 등장했다. 방송뿐만 아니라 인터넷에서 일반인들이 스마트폰으로 몰래 촬영해 업로드 하는 등 몰래 카메라는 방송계뿐만 아니라 사회적으로도 문제가 되고 있다.

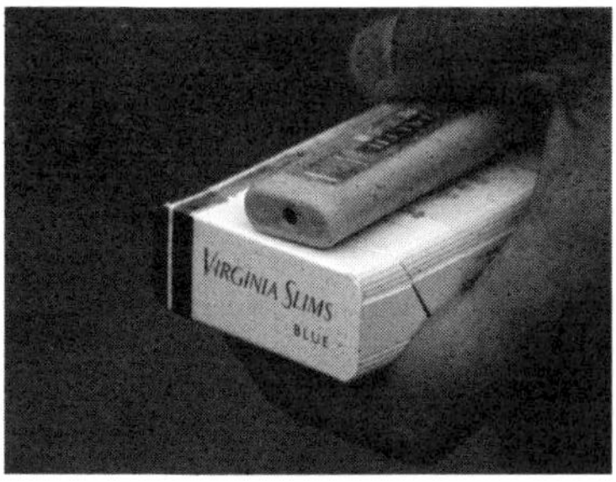

라이터형

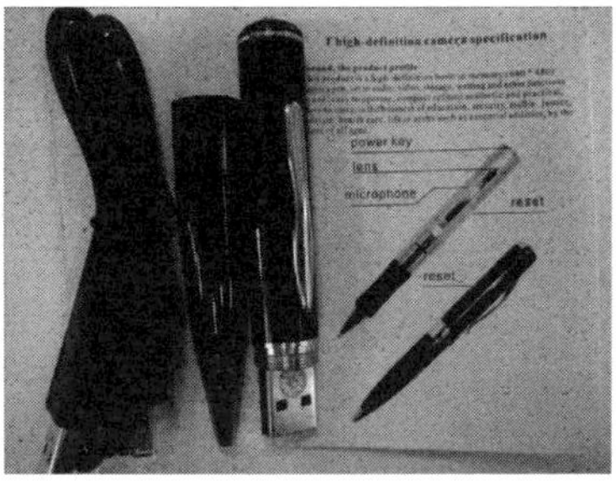

만년필형

시계형

안경형

② 몰래 카메라 사용

취재기자와 촬영기자 중 누가 몰래 카메라를 사용하느냐는 것은 때에 따라 다르다. 방송사마다 경우가 다르긴 하지만 보통은 취재기자가 사용하는 경우가 많다. 우선 취재팀을 꾸리기 전에 취재기자가 먼저 몰래 카메라를 갖고 화면과 녹취를 확보한 뒤 촬영기자와 함께 정식 취재에 나서는 일이 많기 때문이다. ENG 카메라를 들고 취재에 들어가면 취재원은 대부분 취재에 응하지 않고 도망가거나 심하면 폭력을 휘두르기도 한다. 그래서 취재팀은 처음에 확보한 몰래 카메라 화면과 나중에 찍은 ENG 카메라의 화면을 합쳐 제작하는 일이 많다. 이렇게 하면

제법 완성도 높은 뉴스 아이템을 만들 수 있다.

또 다른 예는 취재기자와 촬영기자가 함께 취재를 나간 경우에도 취재기자가 몰래 카메라를 사용해 취재하고 촬영기자는 외곽에서 ENG 카메라로 취재할 때이다. 취재협조가 어려운 아이템을 취재할 때 이런 상황이 많다.

몰래 카메라는 가급적 사용하지 않는 것이 좋다. 하지만 매체간 경쟁이 치열하고 CCTV, 블랙박스가 흔한 상황에서 몰래 카메라에만 엄격한 잣대를 들이대는 것은 기자들에게 가혹하다.

〔부록〕

표준 발음법

표준 발음법은 모두 7장 30항으로 돼있다.

제 1장 총칙

제 1항 표준 발음법은 표준어의 실제 발음을 따르되, 국어의 전통성과 합리성을 고려하여 정함을 원칙으로 한다.

제 2장 자음과 모음

제 2항 표준어의 자음은 다음 19개로 한다.

ㄱ ㄲ ㄴ ㄷ ㄸ ㄹ ㅁ ㅂ ㅃ ㅅ ㅆ ㅇ ㅈ ㅉ ㅊ ㅋ ㅌ ㅍ ㅎ

제 3항 표준어의 모음은 다음 21개로 한다.

ㅏ ㅐ ㅑ ㅒ ㅓ ㅔ ㅕ ㅖ ㅗ ㅘ ㅙ ㅚ ㅛ ㅜ ㅝ ㅞ ㅟ ㅠ ㅡ ㅢ ㅣ

제 4항 'ㅏ ㅐ ㅓ ㅔ ㅗ ㅚ ㅜ ㅟ ㅡ ㅣ'는 단모음으로 발음한다.

*붙임: 'ㅚ ㅟ'는 이중모음 'ㅙ, ㅟ'로 발음할 수도 있다.

제 5항 'ㅑ ㅒ ㅕ ㅖ ㅘ ㅙ ㅛ ㅝ ㅞ ㅠ ㅢ'는 이중모음으로 발음한다.

다만 1. 용언의 활용형에 나타나는 '져, 쪄, 쳐'는 [저, 쩌, 처]로 발음한다.

가지어 → 가져 [가저]　찌어 → 쪄 [쩌]

다치어 → 다쳐 [다처]

다만 2. '예, 례' 이외의 'ㅖ'는 [ㅔ]로도 발음한다.

계집 [계:집/게:집]　계시다 [계:시다/게:시다]

시계 [시계/시게] (時計)　연계 [연계/연게] (連繫)

몌별 [몌별/메별] (袂別)　개폐 [개폐/개페] (開閉)

혜택 [혜택/헤택] (惠澤)　지혜 [지혜/지헤] (智慧)

다만 3. 자음을 첫소리로 가지고 있는 음절의 'ㅢ'는 [ㅣ]로 발음한다.

늴리리 닁큼 무늬 띄어쓰기 씌어 틔어 희어 희떱다 희망 유희

다만 4. 단어의 첫 음절 이외의 '의'는 [ㅣ]로, 조사 '의'는 [ㅔ]로 발음함도 허용한다.

주의 [주의/주이]　협의 [혀븨/혀비]

우리의 [우리의/우리에]　강의의 [강:이의/강:이에]

제 3장 음의 길이

제 6항 모음의 장단을 구별해서 발음하되, 단어의 첫 음절에서만 긴:소리가 나타나는 것을 원칙으로 한다.

(1) 눈보라 [눈:보라]　　말씨 [말:씨]　　밤나무 [밤:나무]

많다 [만:타]　　멀리 [멀:리]　　벌리다 [벌:리다]

(2) 첫눈 [천눈]　　참말 [참말]　　쌍동밤 [쌍동밤]

수:많이 [수마니]　　눈멀다 [눈멀다]　　떠벌리다 [떠벌리다]

다만, 합성어의 경우에는 둘째 음절 이하에서도 분명한 긴: 소리를 인정한다.

반신반의 [반:신 바:늬/반:신 바:니]　　재삼재사 [재:삼 재:사]

* 붙임: 용언의 단음절 어간에 어미 '-아/-어'가 결합돼 한 음절로 축약되는 경우에도 긴: 소리로 발음한다.

보아 → 봐 [봐:]　　기어 → 겨 [겨:]　　되어 → 돼 [돼:]

두어 → 둬 [둬:]　　하여 → 해 [해:]

다만, '와 → 와, 지어 → 져, 찌어 → 쪄, 치어 → 쳐' 등은 긴: 소리로 발음하지 않는다.

제 7항 긴: 소리를 가진 음절이라도, 다음과 같은 경우에는 짧게 발음한다.

1. 단음절인 용언 어간에 모음으로 시작된 어미가 결합하는 경우는 짧아진다.

감다 [감:따] - 감으니 [가므니]　밟다 [밥:따] - 밟으면 [발브면]

신다 [신:따] - 신어 [시너]　　알다 [알:다] - 알아 [아라]

다만, 다음과 같은 경우에는 예외적이다.

끌다 [끌:다] - 끌어 [끄:러]　　떫다 [떨:따] - 떫은 [떨:븐]

벌다 [벌:다] - 벌어 [벌:러]　　썰다 [썰:다] - 썰어 [써:러]

없다 [업:따] - 없으니 [업:쓰니]

2. 용언 어간에 피동, 사동의 접미사가 결합되는 경우

감다 [감:따] - 감기다 [감기다]　꼬다 [꼬:다] - 꼬이다 [꼬이다]

밟다 [밥:따] - 밟히다 [발피다]

다만, 다음과 같은 경우에는 예외적이다.

끌리다 [끌:리다]　벌리다 [벌:리다]　없애다 [업:쌔다]

* 붙임: 다음과 같은 복합어에서는 본디 길이에 관계 없이 짧게 발음한다.

밀-물　썰-물　쏜-살-같이　작은-아버지

제 4장 받침의 발음

제 8항 받침소리는 'ㄱ, ㄴ, ㄷ, ㄹ, ㅁ, ㅂ, ㅇ'의 7개 자음만 발음한다.

제 9항 받침 'ㄲ, ㅋ', 'ㅅ, ㅆ, ㅈ, ㅊ, ㅌ', 'ㅍ'은 어말 또는 자음 앞에서 각각 대표음 [ㄱ, ㄷ, ㅂ]으로 발음한다.

닦다 [닥따]　키읔 [키윽]　키읔과 [키윽꽈]　옷 [옫]

웃다 [욷:따]　있다 [읻따]　젖 [젇]　빚다 [빋따]

꽃 [꼳]　쫓다 [쫀따]　솥 [솓]　뱉다 [밷:따]

앞 [압]　　　덮다 [덥따]

제 10항 겹받침 'ㄳ', 'ㄵ', 'ㄼ', 'ㄽ', 'ㄾ', 'ㅄ'은 어말 또는 자음 앞에서 각각 [ㄱ, ㄴ, ㄹ, ㅂ]으로 발음한다.

넋 [넉]　　　넋과 [넉꽈]　　앉다 [안따]　　여덟 [여덜]

넓다 [널따]　　　외곬 [외골]　　핥다 [할따]　값 [갑]

없다 [업:따]

다만, 바에 'ㄼ' 받침한 '밟-'은 자음 앞에서 [밥]으로 발음하고 너에 'ㄼ' 받침한 '넓-'은 다음과 같은 경우에 [넙]으로 발음한다.

(1) 밟다 [밥:따]　　　밟소 [밥:쏘]　　　밟지 [밥:찌]

밟는 [밥:는 → 밤:는]　밟게 [밥:께]　　　밟고 [밥:꼬]

(2) 넓-죽하다 [넙주카다]　넓-둥글다 [넙뚱글다]

제 11항 겹받침 'ㄺ, ㄻ, ㄿ'은 어말 또는 자음 앞에서 각각 [ㄱ, ㅁ, ㅂ]으로 발음한다.

닭 [닥]　　흙과 [흑꽈]　　　맑다 [막따]　　늙지 [늑찌]

삶 [삼:]　　젊다 [점:따]　　　읊고 [읍꼬]　　읊다 [읍따]

다만, 용언의 어간 말음 'ㄺ'은 'ㄱ' 앞에서 [ㄹ]로 발음한다.

맑게 [말게]　　묽고 [물꼬]　　　얽거나 [얼거나]

제 12항 받침 'ㅎ'의 발음은 다음과 같다.

1. 'ㅎ'이나 'ㄴㅎ, ㄹㅎ' 뒤에 'ㄱ, ㄷ, ㅈ'이 결합되는 경우에는, 뒤 음절 첫 소리와 합쳐져서 [ㅋ, ㅌ, ㅊ]으로 발음한다.

놓고 [노코] 좋던 [조:턴] 쌓지 [싸치]

많고 [만:코] 않던 [안턴] 닳지 [달치]

* 붙임1: 받침 'ㄱ이나 ㄹㄱ', 'ㄷ', 'ㅂ이나 ㄹㅂ', 'ㅈ이나 ㄴㅈ'이 뒤 음절 첫 소리 'ㅎ'과 결합되는 경우에도, 역시 두음을 합쳐서 [ㅋ, ㅌ, ㅍ, ㅊ]으로 발음한다.

각하 [가카] 먹히다 [머키다] 밝히다 [발피다]

맏형 [마텽] 좁히다 [조피다] 넓히다 [널피다]

꽂히다 [꼬치다] 앉히다 [안치다]

* 붙임 2: 규정에 따라 'ㄷ'으로 발음되는 'ㅅ, ㅈ, ㅊ, ㅌ'의 경우에도 이에 준한다.

옷 한 벌 [오탄벌] 낮 한때 [나탄때]

꽃 한 송이 [꼬탄송이] 숱하다 [수타다]

2. 'ㅎ이나 ㄴㅎ, ㄹㅎ' 뒤에 'ㅅ'이 결합되는 경우에는 'ㅅ'을 [ㅆ]으로 발음한다.

닿소 [다쏘] 많소 [만:쏘] 싫소 [실쏘]

3. 'ㅎ' 뒤에 'ㄴ'이 결합되는 경우에는, [ㄴ]으로 발음한다.

놓는 [논는] 쌓네 [싼네]

* 붙임: 'ㄴㅎ, ㄹㅎ' 뒤에 'ㄴ'이 결합되는 경우에도 'ㅎ'을 발음하지 않는다.

않네 [안네] 않는 [안는] 뚫네 [뚤네 → 뚤레]
뚫는 [뚤는 → 뚤른]

4. 'ㅎ이나 ㄴㅎ, ㄹㅎ' 뒤에 모음으로 시작된 어미나 접미사가 결합되는 경우에는 'ㅎ'을 발음하지 않는다.

낳은 [나은] 놓아 [노아] 쌓이다 [싸이다]
많아 [마:나] 않는 [안는] 닳아 [다라]
싫어도 [시러도]

제 13항 홑받침이나 쌍받침이 모음으로 시작된 조사나 어미, 접미사와 결합되는 경우에는, 제 음가대로 뒤 음절 첫소리로 옮겨 발음한다.

깎아 [까까] 옷이 [오시] 있어 [이써]
낮이 [나지] 꽂아 [꼬자] 꽃을 [꼬츨]
쫓아 [쪼차] 밭에 [바테] 앞으로 [아프로]
덮이다 [더피다]

제 14항 겹받침이 모음으로 시작된 조사나 어미, 접미사와 결합되는 경우에는, 뒤엣것만을 뒤 음절 첫소리로 옮겨서 발음한다. 이 경우, 'ㅅ'은 된소리로 발음한다.

넋이 [넉씨] 앉아 [안자] 닭을 [달글]
젊어 [절머] 곬이 [골씨] 핥다 [할타]
읊어 [을퍼] 값을 [갑쓸] 없어 [업:써]

제 15항 받침 뒤에 모음 'ㅏ, ㅓ, ㅗ, ㅜ, ㅟ'들로 시작되는 실질 형태소가 연결되는 경우에는, 대표음으로 바꾸어서 뒤 음절 첫소리로 옮겨 발음한다.

밭 아래 [바다래]	늪 앞 [느밥]	젖어미 [저더미]
맛없다 [마덥다]	겉옷 [거돋]	헛웃음 [허두슴]
꽃 위 [꼬뒤]		

다만, '맛있다, 멋있다'는 [마싣따], [머싣따]로 발음할 수 있다.

* 붙임: 겹받침의 경우에는, 그 중 하나만을 옮겨 발음한다.

넋없다 [너겁따]	닭 앞에 [다가페]
값어치 [가버치]	값있는 [가빈는]

제 16항 한글 자모의 이름은 그 받침소리를 연음하되, 'ㄷ, ㅈ, ㅊ, ㅋ, ㅌ, ㅍ, ㅎ'의 경우에는 특별히 다음과 같이 발음한다.

디귿이 [디그시]	디귿을 [디그슬]	디귿에 [디그세]
지읒이 [지으시]	지읒을 [지으슬]	지읒에 [지으세]
치읓이 [치으시]	치읓을 [치으슬]	치읓에 [치으세]
키읔이 [키으기]	키읔을 [키으글]	키읔에 [키으게]
티읕이 [티으시]	티읕을 [티으슬]	티읕에 [티으세]
피읖이 [피으비]	피읖을 [피으블]	피읖에 [피으베]
히읗이 [히으시]	히읗을 [히으슬]	히읗에 [히으세]

제 5장 음의 동화

제 17항 받침 'ㄷ, ㅌ'이나 'ㄹㅌ'이 조사나 접미사의 모음 'ㅣ'와 결합되는 경우에는, [ㅈ, ㅊ]으로 바꾸어서 뒤 음절 첫소리로 옮겨 발음한다.

곧이듣다 [고지드따]	굳이 [구지]	미닫이 [미다지]
땀받이 [땀바지]	밭이 [바치]	벼훑이 [벼훌치]

* 붙임: 'ㄷ' 뒤에 접미사 '히'가 결합돼 '티'를 이루는 것은 [치]로 발음한다.

굳히다 [구치다]	닫히다 [다치다]	묻히다 [무치다]

제 18항 받침 'ㄱ'이나 'ㄲ, ㅋ, ㄱㅅ, ㄹㄱ', 'ㄷ'이나 'ㅅ, ㅆ, ㅈ, ㅊ, ㅌ, ㅎ', 'ㅂ'이나 'ㅍ, ㄹㅂ, ㄹㅍ, ㅂㅅ'은 'ㄴ, ㅁ' 앞에서 [ㅇ, ㄴ, ㅁ]으로 발음한다.

먹는 [멍는]	국물 [궁물]	깎는 [깡는]
키읔만 [키응만]	몫몫이 [몽목씨]	긁는 [궁는]
흙만 [흥만]	닫는 [단는]	짓는 [진:는]
옷맵시 [온맵씨]	있는 [인는]	맞는 [만는]
젖멍울 [전멍울]	쫓는 [쫀는]	꽃망울 [꼰망울]
붙는 [분는]	놓는 [논는]	잡는 [잠는]
밥물 [밤물]	앞마당 [암마당]	밟는 [밤:는]
읊는 [음는]	없는 [엄:는]	값매다 [감매다]

* 붙임: 두 단어를 이어서 한 마디로 발음하는 경우에도 이와 같다.

책 넣는다 [챙넌는다] 흙 말리다 [흥말리다] 옷 맞추다 [온마추다]

밥 먹는다 [밤멍는다] 값 매기다 [감매기다]

제 19항 받침 'ㅁ, ㅇ' 뒤에 연결되는 'ㄹ'은 [ㄴ]으로 발음한다.

담력 [담:녁] 침략 [침냑] 강릉 [강능]

항노 [항:노] 대통령 [대:통녕]

* 붙임: 받치 'ㄱ, ㅂ' 뒤에 연결되는 'ㄹ'도 [ㄴ]으로 발음한다.

막론 [막논 → 망논] 백리 [백니 → 뱅니]

협력 [협녁 → 혐녁] 십리 [십니 → 심니]

제 20항 'ㄴ'은 'ㄹ'의 앞이나 뒤에서 [ㄹ]로 발음한다.

(1) 난로 [날:로] 신라 [실라] 천리 [철리]

광한루 [광:할루] 대관령 [대:괄령]

(2) 칼날 [칼랄] 물난리 [물랄리] 줄넘기 [줄럼끼]

할는지 [할른지]

* 붙임: 첫소리 'ㄴ'이 'ㄹㅎ', 'ㄹㅌ' 뒤에 연결되는 경우에도 이에 준한다.

닳는 [달른] 뚫는 [뚤른] 핥네 [할레]

다만, 다음과 같은 단어들은 'ㄹ'을 [ㄴ]으로 발음한다.

의견란 [의:견난] 임진란 [임:진난] 생산량[생산냥]

결단력 [결딴녁] 공권력 [공꿘녁] 동원령 [동:원녕]

상견례 [상견녜] 횡단로 [횡단노] 이원론 [이:원논]

입원료 [이붠뇨] 구근류 [구근뉴]

제 21항 위에서 지적한 이외의 자음 동화는 인정하지 않는다.

감기 [감:기] (× [강:기])　　옷감 [옫깜] (×[옥깜])

있고 [읻꼬] (×[익꼬])　　꽃길 [꼳낄] (× [꼭낄])

젖먹이 [전머기] (× [점머기])　　문법 [문뻡] (× [뭄뻡])

꽃밭 [꼳빧] (× [꼽빧])

제 22항 다음과 같은 용언의 어미는 [어]로 발음함을 원칙으로 하되, [여]로 발음함도 허용한다.

되어 [되어/되여]　　피어 [피어/피여]

* 붙임: '이오, 아니오'도 이에 준해 [이요, 아니요]로 발음함을 허용한다.

제 6장 경음화

제 23항 받침 'ㄱ'이나 'ㄲ, ㅋ, ㄳ, ㄺ', 'ㄷ'이나 'ㅅ, ㅆ, ㅈ, ㅊ, ㅌ', 'ㅂ'이나 'ㅍ, ㄼ, ㄿ, ㅄ' 뒤에 연결되는 'ㄱ, ㄷ, ㅂ, ㅅ, ㅈ'은 된소리로 발음한다.

국밥 [국빱]　　깎다 [깍따]　　넋받이 [넉빠지]

삯돈 [삭똔]　　닭장 [닥짱]　　칡범 [칙뻠]

뻗대다 [뻗때다]　　옷고름 [옫꼬름]　　있던 [읻떤]

꽂고 [꼳꼬]　　꽃다발 [꼳따발]　　낯설다 [낟썰다]

밭갈이 [받까리]　　솥전 [솓쩐]　　곱돌 [곱똘]

덮개 [덥깨]　　옆집 [엽찝]　　넓죽하다 [넙쭈카다]

읊조리다 [읍쪼리다] 값지다 [갑찌다]

24항 어간 받침 'ㄴ이나 ㄴㅈ', 'ㅁ이나 ㄹㅁ' 뒤에 결합되는 어미의 첫소리 'ㄱ, ㄷ, ㅅ, ㅈ'은 된소리로 발음한다.

신고 [신:꼬]	껴안다 [껴안따]	앉고 [안꼬]
얹다 [언따]	삼고 [삼:꼬]	더듬지 [더듬찌]
닮고 [담:꼬]	젊지 [점:찌]	

다만, 피동, 사동의 접미사 '-기-'는 된소리로 발음하지 않는다.

안기다 [안기다]	감기다 [감기다]	굶기다 [굼기다]
옮기다 [옴기다]		

제 25항 어간 받침 'ㄹㅂ, ㄹㅌ' 뒤에 결합되는 어미의 첫소리 'ㄱ, ㄷ, ㅅ, ㅈ'은 된소리로 발음한다.

넓게 [널께]	핥다 [할따]	훑소 [훌쏘]
떫지 [떨:찌]		

제 26항 한자어에서 'ㄹ' 받침 뒤에 연결되는 'ㄷ, ㅅ, ㅈ'은 된소리로 발음한다.

갈등 [갈뜽]	발동 [발똥]	절도 [절또]
말살 [말쌀]	불소 [불쏘]	일시 [일씨]
갈증 [갈쯩]	물질 [물찔]	발전 [발쩐]
몰상식 [몰쌍식]	불세출 [불쎄출]	

다만, 같은 한자가 겹쳐진 단어의 경우에는 된소리로 발음하지 않

는다.

허허실실 [허허실실] (虛虛實實)　절절-하다 [절절하다] (切切-)

제 27항 관형사형 'ㄹ' 받침 뒤에 연결되는 'ㄱ, ㄷ, ㅂ, ㅅ, ㅈ'은 된소리로 발음한다.

할 것을 [할꺼슬]　갈 데가 [갈떼가]　할 바를 [할빠를]
할 수는 [할쑤는]　할 적에 [할쩌게]　갈 곳 [갈 꼳]
할 도리 [할또리]　만날 사람 [만날싸:람]

다만, 끊어서 말할 적에는 예사소리로 발음한다.

* 붙임: 'ㄹ' 받침으로 시작되는 어미의 경우에도 이에 준한다.

할 걸 [할껄]　할밖에 [할빠께]　할세라 [할쎄라]
할수록 [할쑤록]　할지라도 [할찌라도]　할지언정 [할찌언정]
할진대 [할찐대]

제 28항 표기상으로는 사이시옷이 없더라도, 관형격 기능을 지니는 사이시옷이 있어야 할, 즉 휴지가 성립되는 합성어의 경우에는, 뒤 단어의 첫소리 'ㄱ, ㄷ, ㅂ, ㅅ, ㅈ'을 된소리로 발음한다.

문-고리 [문꼬리]　눈-동자 [눈똥자]　신-바람 [신빠람]
산-새 [산쌔]　손-재주 [손째주]　길-가 [길까]
물-동이 [물똥이]　발-바닥 [발빠닥]　굴-속 [굴:쏙]
술-잔 [술짠]　바람-결 [바람껼]　그믐-달 [그믐딸]
아침-밥 [아침빱]　잠-자리 [잠짜리]　강-가 [강까]
초승-달 [초승딸]　등-불 [등뿔]　창-살 [창쌀]

강-줄기 [강쭐기]

제 7장 음의 첨가

제 29항 합성어 및 파생어에서, 앞 단어나 접두사의 끝이 자음이고 뒤 단어나 접미사의 첫 음절이 '이, 야, 여, 요, 유'인 경우에는, 'ㄴ' 음을 첨가해 [니, 냐, 녀, 뇨, 뉴]로 발음한다.

솜-이불 [솜:니불] 홑-이불 [혼니불] 막-일 [망닐]
삯-일 [상닐] 맨-입 [맨닙] 꽃-잎 [꼰닙]
내복-약 [내:봉냑] 한-여름 [한녀름] 남존-여비 [남존녀비]
신-여성 [신녀성] 색-연필 [생년필] 직행-열차 [지캥녈차]
늑막-염 [능망념] 콩-엿 [콩녇] 담-요 [담:뇨]
눈-요기 [눈뇨기] 영업-용 [영엄뇽] 식용-유 [시굥뉴]
밤-윷 [밤:뉻] 국민-윤리 [국민뉼리]

다만, 다음과 같은 말들은 'ㄴ'을 첨가해서 발음하되, 표기대로 발음할 수 있다.

이죽-이죽 [이중니죽/이주기죽]
야금-야금 [야금냐금/야그먀금] 검열 [검:녈/거:멸]
욜랑-욜랑 [욜랑뇰랑/욜랑욜랑] 금융 [금늉/그뮹]

* 붙임 1: 'ㄹ' 받침 뒤에 첨가되는 'ㄴ'음은 [ㄹ]로 발음한다.

들-일 [들:릴] 솔-잎 [솔립] 설-익다 [설릭따]
물-약 [물략] 불-여우 [불려우] 서울-역 [서울력]

물-엿 [물렫]　　휘발-유 [휘발류]　　유들-유들 [유들류들]

* 붙임 2: 두 단어를 이어서 한 마디로 발음하는 경우에도 이에 준한다.

한 일 [한닐]　　옷 입다 [온닙따]　　서른여섯 [서른녀섣]
3 연대 [삼년대]　　먹은 엿 [머근녇]
할 일 [할릴]　　잘 입다 [잘립따]　　스물여섯 [스물려섣]
1 연대 [일련대]　　먹을 엿 [머글렫]

다만, 다음과 같은 단어에서는 'ㄴ(ㄹ)'음을 첨가하여 발음하지 않는다.

6.25 [유기오]　　3.1절 [사밀쩔]　　송별-연 [송:벼련]
등-용문 [등용문]

제 30항 사이시옷이 붙은 단어는 다음과 같이 발음한다.

1. 'ㄱ, ㄷ, ㅂ, ㅅ, ㅈ'으로 시작하는 단어 앞에 사이시옷이 올 때는 이들 자음만을 된소리로 발음하는 것을 원칙으로 하되, 사이시옷을 [ㄷ]으로 발음하는 것도 허용한다.

냇가 [내:까/낻:까]　　샛길 [새:낄/샏:낄]　　빨랫돌 [빨래똘/빨랟똘]
콧등 [코뜽/콛뜽]　　깃발 [기빨/긷빨]　　대팻밥 [대:패빱/대:팯빱]
햇살 [해쌀/핻쌀]　　뱃속 [배쏙/밷쏙]　　뱃전 [배쩐/밷쩐]
고갯짓 [고개찓/고갣찓]

2. 사이시옷 뒤에 'ㄴ, ㅁ'이 결합되는 경우에는 [ㄴ]으로 발음한다.

콧날 [콛날 → 콘날]　　아랫니 [아랟니 → 아랜니]

툇마루 [퇸:마루 → 퇸:마루]　뱃머리 [밴머리 → 밴머리]

3. 사이시옷 뒤에 '이'음이 결합되는 경우에는 [ㄴㄴ]으로 발음한다.

베갯잇 [베갠닏 → 베갠닏]　깻잎 [깬닙 → 깬닙]

나뭇잎 [나문닙 → 나문닙]　도리깻열 [도리깬녈 → 도리깬녈]

뒷윷 [뒨:뉻 → 뒨:뉻]

김상우

JTBC 취재담당 부국장. 서울대 신문학과(현 언론정보학과)를 졸업했다. '힘있는 뉴스', '따뜻한 뉴스'를 만들기 위해 애쓰고 있다. 1990년 중앙일보에 입사해 사회부 차장, 중앙선데이 사회탐사 에디터 등을 거쳤다. 2011년 JTBC가 출범하면서 방송기자로 전직, 사회1부장을 지냈다. 지은 책으로 『글쓰기 필수 비타민 50』이 있다.

이정헌

JTBC 사회1부 차장. 서강대 영어영문학과를 졸업했다. 1994년 광주MBC 기자로 입사해 1997년 JTV 전주방송으로 옮겨 14년 동안 기자와 메인뉴스 앵커로 활약했다. 2011년 JTBC에 입사해 주말뉴스 앵커를 맡았다. 방송위원회 '이달의 좋은 프로그램', 한국기자협회 '이달의 기자상'을 수상했다. 2012년 CNN Journalism Fellowship에 선정돼 애틀랜타 CNN 센터에서 연수를 받았다.

김민

JTBC 영상취재 파트장. 서울예술대 사진과를 졸업했다. 1997년 YTN에 입사해 영상취재부에서 검찰·국회 등을 출입했다. 2003년 이라크 전쟁의 종군기자로 바그다드 현지에서 취재해 특종상, 특별상을 받았다. 2011년 JTBC 개국과 함께 영상취재 데스크로 자리를 옮겨 후배들의 역량을 향상시키기 위해 노력하고 있다.

방송기자의 모든 것

초판 1쇄 발행 2012년 12월 6일
초판 2쇄 발행 2018년 7월 25일

지은이 김상우, 이정헌, 김민
펴낸이 최용범
펴낸곳 페이퍼로드
출판등록 제10-2427호(2002년 8월 7일)
서울시 마포구 연남동 563-10번지 2층

편집 진용주, 김정주, 양현경
마케팅 윤성환
관리 임필교
디자인 이춘희, 장원석

이메일 book@paperroad.net
홈페이지 www.paperroad.net
커뮤니티 blog.naver.com/paperroad
Tel (02)326-0328 | Fax (02)335-0334

ISBN 978-89-92920-79-7 (13070)

※ 이 책은 한국언론진흥재단의 저술 지원으로 출판되었습니다.